POH-DÈNG

La femme et l'homme sont comme le safran et la chaux: si vois-les mettez en présence, comment empêcher le safran de colorer la chaux ?

Proverbe Siamois.

POH-DÈNG
Scènes de la vie siamoise

Paul-Louis Rivière

Illustré par
Joseph de la Nézière

Avant-Propos à la nouvelle édition
Henri Copin

DatASIA Press
MMXIX

DatASIA Press — www.DatASIA.us

Copyright: © 2019 DatAsia, Inc. Snead Island, Floride
Tous droits réservés. Aucune partie de ce livre ne peut être réimprimée ou reproduite ou utilisée sous quelque forme ou par tout autre moyen électronique, mécanique ou autre, maintenant connu ou à inventer, y compris la photocopie et l'enregistrement, ou en tout système de stockage de l'information ou de récupération, sans la permission écrite des éditeurs.

Crédits

Auteur: **Paul-Louis Gustave Marie Rivière**

Illustrateur: **Joseph de la Nézière**

Avant-propos moderne: **Henri Copin**

Rédacteur moderne: **Kent Davis**

Restauration d'art : **Artsiom Yatsevich**

Mise en page : **Daria Lacy & Kent Davis**

Première édition modern
ISBN 978-1-934431-20-7 (paperback)
Library of Congress Control Number: 2019947617
Imprimé simultanément aux Etats Unis d'Amérique et en Grande Bretagne.

Paul-Louis Rivière Gustave Marie Rivière
Chevalier de la Légion d'honneur

Ci-dessus, il commandait la compagnie de mitrailleurs de la 6ᵉ brigade de chasseurs alpins – octobre 1919.

Dédicaces Originales

A la mémoire de mon père.
P.-L. R.
1913

A la mémoire de mon frère.
P.-L. R.
1919

TABLE DES MATIÈRES

Portrait de l'auteur et Dédicace . . . . (v)
Carte du Siam – 1914 . . . . (vi)
Avant-propos moderne par Henri Copin . . . . (viii)
Préface de l'auteur – 1913 . . . . (xv)

Poh-Dèng – *Scènes de la vie siamoise*

   I – Poh-Dèng 1
   II – Mé Ping 37
   III – Bangkok 67
   IV – Petchaburi 101
   V – Pra Narit 129

Annexes

Notes de l'éditeur, par Kent Davis 164
Autour d'un sacre, par Paul-Louis Rivière 167
Profil biographique – Paul-Louis Rivière 171
Profil biographique – Joseph de la Nézière 173
Table des illustrations 176
Notice d'impression 1913 179

Rivière sur la Ménam
Le cours sinueux et multiple
d'un juriste poète, Rivière, vers le Siam

Qui est vraiment l'auteur de *Poh Deng, roman siamois* ? Il porte un beau nom, Rivière, et tel un cours d'eau, il s'enrichit de multiples affluents qui se mêlent pour former le flux principal. Cet homme est multiple. Il s'appelle tantôt P.-Louis Rivière, ou bien Louis Rivière, ou encore Louis Gaston Paul Marie Rivière. Mais quels que soient ses différents prénoms de plume, ce Rivière surgit en 1873, puis disparaît en 1959. Ondoyant et divers, on le voit tantôt juriste, ou militaire, un peu poète, grand voyageur en Orient et en Afrique, intéressé par les colonies, organisateur de la Croix Rouge, ami de politiques comme le futur Président Doumer ou le très considérable Maréchal Lyautey, grande figure de la vie politique coloniale française

Si on suit son cours principal, on le découvre essentiellement juriste : docteur en Droit, avocat près de la cour d'appel, magistrat de haut rang, qui préside la Cour d'appel de Caen (France). Tout au long de son parcours, il rédige et publie des ouvrages savants, austères, et juridiques, sur le droit des auteurs, les accidents de la route et la responsabilité civile, et surtout sur l'ensemble du droit du Maroc, dont il explore et recense tous les aspects, depuis les droits de succession jusqu'aux recueils de traités et de lois.

Par moments, il prend une voie moins fréquentée, mais très pertinente, et s'intéresse à la guerre, au renseignement, à la guerre secrète menée par l'Allemagne depuis Madrid, à ce que devient le pays dix ans après le conflit mondial de 1914-1918, « pour que nos fils n'oublient pas » écrit-il dans un de ses titres. Il faut savoir qu'il a combattu, courageusement, capitaine au 55ème régiment d'infanterie territoriale, grièvement blessé le 15 juillet 1916, décoré de la Croix de guerre et de la Légion d'Honneur, puis commandant d'une brigade de Chasseurs Alpins. Ses *Carnets d'un mitrailleur* paraissent en 1916. Son intérêt pour la question se prolonge plusieurs années, comme une inquiétude sur la paix après le conflit. En même temps, Rivière agit pour implanter la Croix Rouge au Proche-Orient, en Russie et en Italie. Guerrier et civilisé.

Un autre affluent, proche du précédent le mène vers les Colonies. Il réfléchit à leur devenir, peut être en raison de ses relations avec le Maréchal Lyautey, d'abord officier précurseur au Tonkin, plus tard Résident général au Maroc, notable emblématique en charge de l'Exposition Coloniale internationale de Paris en 1931,. Il publie un ouvrage plusieurs fois réédité, *Colonies*, et *A travers l'Empire français,* il prononce une conférence sur le Yunnan, en présence de Paul Doumer, l'organisateur d'une Indochine modernisée...

Et enfin, un filet d'eau vive et fraîche, sans doute plus secret, mais bien irrigué, sinue vers les *Etudes siamoises*, la *Sagesse de l'Orient*, le Siam, et donc, nous y voilà, vers *Poh Deng*. L'origine de cet affluent, discret mais essentiel de notre cours d'eau sinueux, c'est une mission qui conduit Rivière au Siam de 1909 à 1911, comme membre de la Commission royale de législation siamoise, et conseiller légiste du gouvernement siamois. A l'issue de son séjour (1911), Rivière publie dans *Le Figaro*, grand journal français, un article sur le couronnement du roi Rama VI, qui rassemble les fortes et heureuses impressions que lui laisse la société siamoise (à lire dans l'article reproduit dans les annexes).

Un roman siamois, au pays du bonheur immuable et souriant

Le jeune juriste est en effet séduit par une image contrastée du Siam, vu à la fois comme le pays d'une modernisation politique et sociale due à son souverain réformiste, et d'une conservation immuable des traditions. Rama VI hérite de son père Rama V un pays où ce dernier a supprimé l'esclavage et les corvées, créé l'université, une école d'administration, organisé la poste et les chemins de fer, et est resté préservé de la colonisation européenne. Le pays demeure à l'écart des soubresauts du reste du monde. Et en même temps, Rivière vit une sorte de coup de foudre pour le Siam et les Siamois, qu'il voit en « peuple heureux », d'humeur tranquille, à la nonchalance enjouée, à la malice inoffensive, plein d'hospitalité, exempt de tout fanatisme. Dans cet article du *Figaro*, l'auteur se met en scène circulant au fil des canaux, parmi des Siamois qui ne cessent de rire ou de sourire. Il aime aussi à rejoindre les pagodes, lieux de cette sagesse que l'Asie est censée honorer et conserver mieux que toute autre contrée du monde, tandis que s'élève « l'écheveau des psalmodies ». Enfin, après les canaux, la ville et les *wats* (pagodes), Rivière évoque ses excursions dans le pays, au cœur de la brousse ou sur les bords du Mékong, en communion avec les habitants (« amphibies ») toujours curieux et accueillants. Le Siam a tous les caractères d'un paradis.

C'est ce programme, esquissé dans *Le Figaro*, que développe ensuite Rivière au fil des cinq parties de *Poh Deng*, son roman. Elles prennent pour titre d'abord le nom de ses héros, le jeune homme Poh Deng, puis la jeune siamoise Mé Ping, ensuite celui des villes, Bangkok et Petchaburi, avant de clore sur Pra Narit. Ce nom de la dernière partie est aussi le nom de la transformation ultime de Poh Deng, le jeune héros épris de Mé Ping : il devient désormais Pra Narit, c'est à dire bonze du *wat* Pho, et sa vie s'écoule « très simple, dans l'observance des deux cents règles de l'existence du moine », discipline stricte qu'il peut cependant rejeter au moment où il le décide. C'est la loi de cette forme de bouddhisme, qui permet que chacun revête la robe du moine quand il le désire, et pour le temps qui lui convient...

Entre fascination exotique
et observation des rites et usages

Ainsi s'achève le cycle du jeune Poh Deng, qui commence dans l'état de nature et progresse jusqu'à une forme d'assomption spirituelle, en suivant le fil d'un amour pur et inaccompli entre le petit siamois et la belle fille qui devient *lokhon*, danseuse au ballet royal, sans jamais oublier Poh Deng malgré les apparences, ni le rejoindre…

Il y a bien un côté naïf dans cette représentation idéalisée d'êtres purs issus d'une nature parfaitement paisible, aux sentiments aussi dépouillés qu'il est possible. On appelle cela l'essentialisation : selon cette croyance, les êtres se définissent par leur essence, et non par ce qu'ils font ou par leur contexte. Ce modèle affirme que les Siamois sont doux, les Laotiens lymphatiques, les Cambodgiens souriants, les Vietnamiens énergiques, et l'on pourrait continuer avec les Américains ou les Français… Et certes Rivière apparaît quelque peu victime de cette facile illusion, à laquelle nous cédons tous un jour ou l'autre, peu ou prou. Mais en même temps le juriste rigoureux qui existe en lui à côté du doux et généreux poète sait observer, repérer les rites sociaux, les principes hiérarchiques, le sens des symboles, la nature et l'origine des croyances, et leur rôle dans l'organisation sociale. Son roman est entièrement structuré par le relevé précis de ces rites, de ces fêtes, des traditions qui rythment la vie de ces Siamois qu'il découvre depuis peu.

A la même époque d'ailleurs, vers le tournant du siècle, les auteurs de la littérature coloniale française d'Indochine, s'attachent à observer la vie quotidienne des simples pêcheurs et des *nha qués* (paysans), et ils montrent que pour connaître la culture et les usages des habitants du pays, le mieux est d'abord d'observer la vie de chaque jour, dans ce qu'elle a de moins spectaculaire, qui est souvent le plus structurant. Par exemple, les scènes de *De la rizière à la montagne, mœurs annamites* de Jean Marquet, ou de *La barque annamite* d'Emile Nolly dévoilent les mœurs des « Annamites »… Le lecteur non asiatique découvre ainsi la place du culte des ancêtres au cœur du foyer, ou la façon dont le temps de chacun est réglé à partir de l'ordre lunaire asiatique. Voici par exemple les premiers mots du roman de Marquet :

« Il naquit au village du Palanquin de Jade, à l'heure du Lièvre, le douzième jour du dixième mois de l'année de l'Arbre vivant et du Rat, ce qui deux mois plus tard le rendit âgé d'un an. » Un début donné sans explication : le lecteur occidental doit comprendre qu'il a plongé dans une autre culture.

Evidemment, la différence est que les Français sont en Indochine depuis le milieu du XIXe siècle, tandis que Rivière débarque tout juste dans un royaume indépendant. Il faut un certain délai pour passer de l'extase exotique séduisante et trompeuse à la perception ethnographique, qui apprend que les êtres sont façonnés par leur culture plutôt que par leur supposée essence…

Précision descriptive et poésie des noms

Il reste tout au long de *Poh Deng* une approche des lieux et des êtres par la poésie. Elle est peut-être fallacieuse, mais avant tout elle exprime l'empathie, l'élan généreux, la tendresse du regard, l'idéalisation projetée sur l'Autre. A la différence des auteurs de littérature française d'Indochine, Rivière ne se trouve pas dans une situation de domination coloniale. Mais comme ces derniers, il lui arrive de voir dans la société paisible du Siam une forme de vie de qualité supérieure. De grands auteurs indochinois comme Albert de Pouvourville ou George Groslier (dans *Retour à l'argile*) vont jusqu'à contester que la notion de civilisation à l'occidentale fût satisfaisante, et prônent même des valeurs de dé-civilisation, seules capables selon eux de retrouver l'harmonie profonde des êtres avec la nature. On perçoit quelques signes annonciateurs de cette nostalgie dans l'idéalisation de la société siamoise par Rivière. Après tout, Poh Deng et Mé Ping en arrivent à transcender leur destin terrestre, lui en devenant moine, et elle danseuse au ballet royal[1].

La poésie passe d'abord beaucoup par l'emploi régulier de mots empruntés à la langue du pays ici découvert. Les *wat*, les *klong*, le Pra Narit, *and so on*… On a dénoncé l'effet facile et sonore de cette pratique lorsqu'elle devient systématique, comme une pacotille de sequins agités sous le nez du lecteur. Pourtant sous la plume précise et détaillée de Rivière on sent qu'il s'agit de restituer le mot juste, avec la poésie authentique dont il est porteur. Au lecteur de juger s'il y a ici cacophonie, ou douce musique d'Asie, en n'oubliant pas que *Poh Deng* parut d'abord en 1913, illustré et en tirage très limité, puis reparut en 1919.

C'est à dire un bon siècle, déjà ! les approches ont eu le temps de changer… lisons donc sans vaine sévérité, en nous efforçant de savourer le charme un peu suranné de ces descriptions élégantes et informées, pour cette histoire d'un amour désespéré, pour ces rites, ces superstitions, ces fêtes, pour cette société avec opium, bétel et kapi, boutiquiers chinois, nobles bonzes, *wats* et *klongs*, combats de coqs et joutes de cerf-volants, villes et provinces… D'autant que Rivière se révèle aussi un peintre, à l'étonnante palette extrême-orientaliste, éclatante et nuancée, habile à dépeindre un combat de coqs, ou de poissons, une joute de cerfs-volants, un *panoung* chatoyant. Admirons ce fleuve peint par Rivière, « grande coulée d'argent sur laquelle dansent des libellules de nacre ». Admirons encore cette image de sagesse bouddhique : « ta jeunesse : un reflet trompeur sur une eau qui fuit »…

Scènes de la vie siamoise : c'est le sous-titre de l'édition de 1913, qui nous invite simplement au sein d'une société paisible et charmante, qui est d'abord « le jardin caché » du magistrat voyageur…[2]

---

[1] Elle rappelle ainsi une autre *lokhon* célèbre, personnage (et épouse dans la vie réelle) de Roland Meyer, dans *Saramani danseuse khmère*.

[2] Comme le dit si bien le blog de deux passionnés de la Thaïlande, d'une richesse exceptionnelle. Nous y trouvons nombre d'excellentes informations, sur le pays et son histoire, ainsi que ses coutumes : www.alainbernardenthailande.com. Recherchez « Poh Deng » pour la référence ci-dessus et plus.

La rencontre du poète Rivière
avec le peintre de la Nézière

Il faut enfin mentionner que le livre ici réédité est le fruit d'une rencontre exceptionnelle, celle d'un poète au verbe précis et d'un peintre au talent évocateur, appelé à devenir, par la suite, l'un des plus grands affichistes et illustrateurs de son pays, Joseph de la Nézière (1873-1944).

Poh Deng est le seul roman illustré par Joseph pour l'édition de 1913, tirée à 350 exemplaires chez Piazza, un précurseur des beaux livres illustrés. Voyageur très jeune, membre de la Société de Géographie à vingt ans, renonçant à des études de droit pour se consacrer à la peinture, de la Nézière a plus d'un point commun avec Rivière. De ses innombrables voyages il rapporte des croquis, gouaches, aquarelles, peintures à l'huile, pastels… qui montrent ses talents de portraitiste, paysagiste, affichiste, journaliste voyageur, et auteur de timbres postes en France, Moyen Orient et Afrique.

On ne sait pas au juste comment il fut amené à rencontrer Rivière. Nul doute qu'ils découvrirent rapidement leurs centres d'intérêt communs. On peut remarquer que Joseph a produit de nombreuses affiches pour les Expositions coloniales, et qu'il a travaillé au Maroc sous l'impulsion de Lyantey qui l'a poussé à s'investir dans le renouveau de l'artisanat et la protection des richesses artistiques de ce pays. Lyautey, l'intérêt pour les Colonies, le voyage, les sociétés lointaines, autant de points communs entre le romancier et le peintre. Ils partageaient la même attirance pour l'Ailleurs et l'Autre. Leur rencontre en tout cas culmine avec cette création étonnante, que le lecteur peut maintenant découvrir.

Henri Copin, août 2019
Nantes, France

Références:

- Jean Marquet, *De la rizière à la montagne, mœurs annamites*, 1912 in La Revue Indochinoise, 1920 Delalain, Grand Prix de littérature coloniale
- Emile Nolly, *La barque annamite, roman de mœurs tonkinoises*, 1910
- George Groslier, *Retour à l'argile,* Emile Paul 1929

Henri Copin

Né en 1945, enfance et adolescence au Vietnam et au Cambodge, Etudes de Lettres à la Sorbonne, professeur de Lettres à Saint-Louis du Sénégal, puis à Nantes (France). Détaché au Centre de Linguistique Appliquée de Dakar (Sénégal), comme responsable de la radio scolaire de 1977 à 1981. Professeur à l'Ecole Normale d'instituteurs de Nantes, puis à l'IUFM des Pays de la Loire, chargé de cours à l'université de Nantes (fac de Lettres, fac de Sciences, Formation Continue), à Audencia école de commerce de Nantes. Actuellement professeur à l'Université permanente de Nantes, conférencier, élu à l'Académie littéraire de Bretagne et des Pays de la Loire.

Photo: Laurence Copin

Henri Copin a orienté ses recherches vers la connaissance et les représentations de l'Indochine dans la littérature française. Il a rédigé une thèse (Paris-Sorbonne, 1994), publiée à L'Harmattan : *L'Indochine dans la littérature française des années vingt à 1954, Exotisme et altérité*, 1996, puis *L'Indochine des romans*, Kailash. Il a consacré plusieurs ouvrages, articles et communications à l'Indochine et les Indochinois à travers l'imaginaire colonial et post colonial français, à la réflexion sur l'altérité, à la perception de l'Ailleurs et de l'Autre, en Asie comme en Afrique. Il contribue à *L'Encyclopédie de la colonisation française*, aux Indes Savantes. Par ailleurs, auteur d'ouvrages pour jeune public (romans, théâtre, opéras).

Auteur de préfaces pour les ouvrages de George Groslier publiés par Kent Davis.

PRÉFACE

J'ai vécu deux années au Siam et, durant ce temps, j'eus pour la première fois de ma vie l'impression qu'il existait un peuple heureux ; je l'aimai pour son humeur tranquille, pour sa nonchalance enjouée, pour sa malice inoffensive, pour son hospitalité.

A Bangkok, aux heures où la colonie européenne s'assemble autour du thé fatal et du rituel whisky-soda, volontiers je prenais un sampan et, traversant la Mè Nam, j'errais dans le dédale des canaux — des klong — de la rive droite, décor d'un exotisme tropical, unique dans l'Extrême-Orient. Les paisibles habitants de cette cité fluviale me regardaient avec une curiosité exempte de malveillance ; s'ils me voyaient en peine de mon chemin ou de quelque objet, ils riaient et me fournissaient sur l'heure l'indication utile ou l'objet voulu ; et, quand je les remerciais, ils riaient encore en me disant adieu.

Je me suis également plu à fréquenter, de jour et de nuit, les « wat », qui sont les pagodes du Siam. J'ai pu circuler à ma guise dans les cours des temples, parmi les ruelles des bonzeries, pénétrer dans le sanctuaire et m'y tenir accroupi sur la natte, tandis que se dévidait dans la pénombre l'écheveau des psalmodies. Partout, en place de la défiance envers l'étranger, rencontrée souvent ailleurs, j'ai trouvé la prévenance à l'égard de l'hôte.

Mes souvenirs les meilleurs sont ceux des quelques excursions que j'ai faites dans l'intérieur du pays. Ayuthia, où j'ai connu le charme de la vie sur l'eau, Kan-Buri, Petchaburi, Chantaboun évoquent pour moi des visions agréables. Aussi bien dans la brousse qui étreint les ruines de la vieille capitale Thaï, que sur les bords du fleuve Meklong, je me suis senti dans une sécurité préférable à celle de nos villes. Au cours de promenades ou de parties de chasse, mes compagnons et moi ne nous sommes guère assis près d'une hutte, d'une maison flottante, sans que ses occupants vinssent nous offrir une tasse de thé, une cigarette ou la chique de bétel, qu'ils s'égayaient de voir refusée

J'ai ressenti ces impressions diverses assez vivement pour vouloir les exprimer dans les pages qui suivent. Toute mon ambition d'auteur est de faire partager, à ceux qui les liront, ma sympathie pour une race demeurée jusqu'à ce jour sans agitation, sans haine et sans fanatisme. Je lui souhaite de rester longtemps encore telle que je l'ai connue et telle que j'ai tâché de la dépeindre.

P.-L. R.

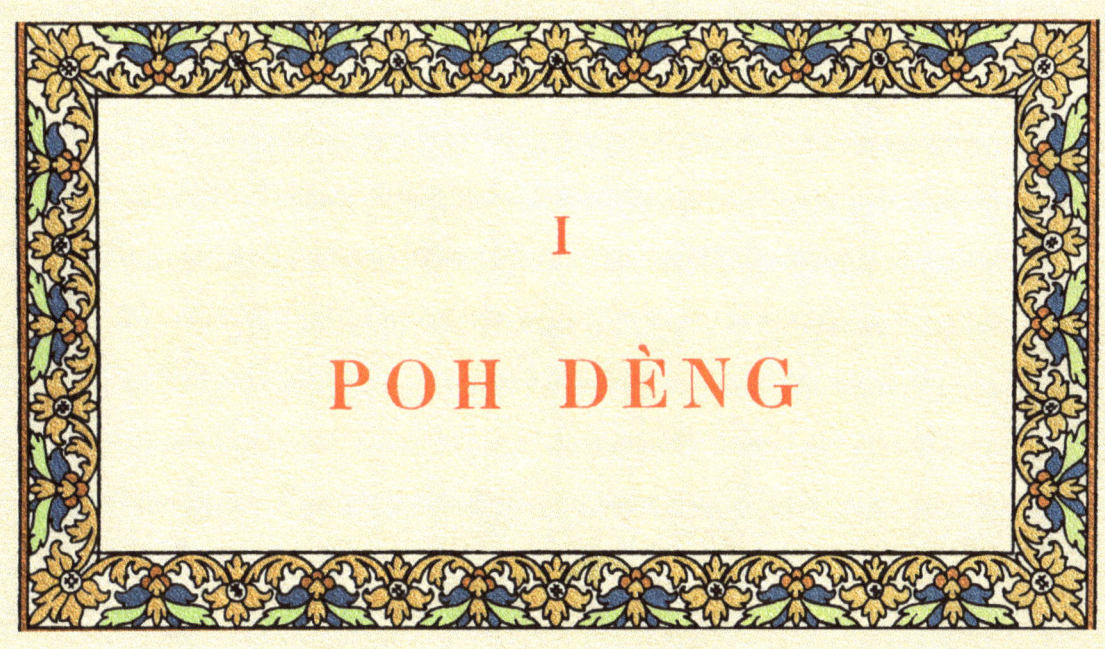

I
POH DÈNG

POH DÈNG

I

OU chaï? Est-ce un garçon? demanda faiblement une voix angoissée.

— Pou chaï, affirma la voix autoritaire de la sage-femme.

Et Mè Choup (Madame Baiser) poussa un soupir de satisfaction, ses vœux étaient comblés.

Il était né le onzième jour de la quatrième lune décroissante de l'année du Singe, à l'heure où la brise du soir, en se levant, balance les cimes des aréquiers. A son premier vagissement répondit le cri du lézard tokké qui, par cinq fois, éructa son onomatopée: « tok-ké! », et ce nombre constituait un heureux présage. Malheureusement, l'instant d'après, un geai bleu s'envola sur la gauche de la maison, en sorte qu'il devint douteux si le sort lui serait favorable ou contraire.

C'était un petit paquet de chair criant et frétillant, plein de vie et de voracité. Comme la couleur de sa peau était indécise, on lui donna le nom de « Poh Dèng », ce qui veut dire « Le Père Rouge ». Mais dans l'intimité, on l'appelait simplement « Nou », c'est-à-dire « Souris ».

— Sabaï, nou lek-lek ! Porte-toi bien, petite souris !

Le lendemain de la naissance, Mè Choup fut étendue sur une planche recouverte d'une natte, le ventre nu, puis on alluma un grand feu au milieu de la chambre. La température ne tarda pas à devenir suffocante et la sueur coulait le long des épaules bronzées. Mais nul ne laissa voir qu'il en fût incommodé ; c'eût été une infraction grave aux lois de la bienséance, en même temps qu'une source de malheurs pour la maison : l'accouchée pouvait en trépasser du coup. Pour que la cuisson du corps, nécessaire à l'expulsion des humeurs malignes, fût bien égale en toutes ses parties, on le retournait tantôt sur le côté droit, tantôt sur le côté gauche. Il importe que, dans la vie, tout se passe suivant les règles.

C'est pourquoi l'enfant Poh Dèng fut placé dans une corbeille ; autour de celle-ci l'on disposa des bâtonnets reliés entre eux par un réseau de fils blancs, en sorte que les esprits malfaisants ne pussent approcher. Le long de la muraille, on fixa des gravures représentant des « Yak », c'est-à-dire des génies. Grâce à cette défense et sous cette égide, le nouveau-né pouvait désormais reposer en paix. Les choses se passent de la sorte en pays Thaï, du haut en bas de la vallée de la Mé Nam, du plateau de Korat aux montagnes de Xieng-Maï.

II

Poh Dèng n'était pas un Siamois de sang pur. Comme tant d'autres petits habitants de la ville des Olives, c'était un Louk-Chin, entendez par là le fruit des amours d'un Chinois et d'une Siamoise.

Le père de Poh Dèng s'appelait Fouk-Long. A l'instar de ses compatriotes, il portait la tresse et le pantalon de soie en forme de patte d'éléphant. Il tenait dans le quartier du Sampeng une boutique de mont-de-piété des mieux achalandées. Accroupi tout le jour devant ses vitrines, sur la plate-forme surélevée qui sert tout à la fois d'étalage pour la marchandise courante et de siège au client, il attendait celui-ci sans le solliciter. Seulement, quand l'acheteur était un de ces Farang venus des pays d'Europe et dont le goût étrange recherche non pas les denrées neuves et belles, mais les objets de rebut : poteries fêlées, cuivres ternis, images jaunies, il savait les allécher par un « Kong kao ! » (vieille chose !) négligemment jeté, qu'il pensait propre à éveiller leur curiosité. Ses doigts effilés, dont les ongles atteignaient la longueur d'une phalange, maniaient avec une dextérité sans égale les boules de l'abaque, qui se déplaçaient sur des tringles de fer, si vite que l'œil ne pouvait les suivre, et jamais ses calculs ne se trouvèrent en défaut. Il revendait en général vingt ce qu'il avait acheté cinq. Son honnêteté d'ailleurs était grande et même, quand il prêtait de l'argent à la semaine ou au mois, il se fût fait scrupule de prendre un intérêt supérieur au taux légal, qui est de trente pour cent.

Fidèle observateur des rites, il avait dans sa demeure privée un autel domestique rapporté du Fou-Kien, son pays natal. Rien n'y manquait : ni les chandeliers de cuivre, ni le brûle-parfums en bronze, ni la pelle et le tisonnier, pour remuer les cendres des cassolettes. Deux lions de bois à la queue en panache gardaient une déesse Kouan-Yin, dont les pieds de porcelaine reposaient sur des nuages semblables à des corolles; des bâtons d'encens brûlaient devant un Lao-Tsé, reconnaissable à son crâne en forme de courge, et tenant en main la pêche de longévité, qui mûrit tous les trois mille ans.

Fouk-Long aurait vécu longtemps de la sorte, heureux et considéré, s'il n'avait trop aimé le bambou. Chaque soir, il se rendait dans la fumerie d'opium de Chin Yong-Lî-Seng, proche du vivier où deux crocodiles dorment dans l'eau vaseuse. Il s'étendait sur le lit en bois laqué recouvert d'une natte fine et là, il éprouvait au degré suprême les bienfaits de la drogue brune et odorante qui est l'âme solidifiée des pavots du Yunnan. A mesure que son corps s'alourdissait, s'engourdissait, son esprit prenait des ailes qui l'emportaient hors du sampeng, hors de Bangkok, en des là-bas très lointains. Il revoyait les choses de son pays : le cours du Fleuve Bleu, dont les rives ondulent comme l'échine du Dragon; Chang-Hai,

la ville de joie, dont les maisons de thé ne ferment pas la nuit; Kouang-Tchéou-Fou, que les Européens nomment Canton, dont les rues étroites sont grouillantes de population, dont le fleuve disparaît sous le fourmillement des sampans et des jonques. Il revoyait tout cela et bien d'autres choses encore.

Mais il eut le tort de ne pas suivre le précepte du philosophe Kong-Fou-Tsé, qui prescrit en tout la modération. Ayant commencé par fumer chaque jour quelques pipes, il arriva à en fumer une vingtaine, puis il doubla ce nombre, puis il le tripla, puis il continua de la sorte, tant et si bien qu'il ne savait pas le chiffre des boulettes malaxées dans la soirée. Or il advint à la longue que Fouk-Long, semblable jadis par son visage réjoui, par son triple menton, par son ventre épanoui, à une statue vivante de Pou-Taï, le dieu de la sensualité, devint conforme à l'effigie du mendiant Tié-Kouaï, dont il est facile de dénombrer les côtes. C'est pourquoi il termina sa vie d'ici-bas plus tôt qu'il ne l'aurait dû. Il se consola de mourir, en pensant à l'enfant que sa femme portait dans son sein et qui lui rendrait — car il ne doutait pas que ce fût un fils — le culte des Ancêtres.

Les affiliés de la société secrète à laquelle il appartenait lui firent des funérailles fort décentes. Plusieurs centaines de pétards tirés devant sa porte, éloignèrent les mauvais génies. Des simulacres en papier de ses objets usuels et ustensiles familiers furent brûlés solennellement afin que, réduits en fumée, ils allassent le rejoindre et lui servir au cours de sa vie nouvelle. Puis il vogua vers les mers de Chine, à bord d'une jonque qui transportait une cargaison de coolis et de riz.

III

Mè Choup, devenue veuve, était allée habiter sur la rive droite du fleuve Mè Nam Chao-Pya, qu'on appelle parfois simplement Mè Nam; mais cette abréviation n'est d'aucun sens, tous les fleuves ou cours d'eau ayant leur nom propre précédé du vocable Mè Nam, qui veut dire Mère des Eaux.

Rien au monde ne ressemble à cette partie de Bangkok

d'outre-fleuve. Ce n'est pas une ville, car tout ce qui constitue une cité, rues, places, avenues, monuments royaux, se trouve sur la rive gauche, où la capitale du Siam fut transférée à l'avènement de la dynastie Chakkri. C'est une forêt, dont les voies de communication sont les innombrables klong — bras naturels du fleuve ou canaux creusés de la main de l'homme — qui sinuent, zigzaguent, tournent court, repartent dans une direction nouvelle, parmi les arbustes et les herbes folles. Ils passent en revue les alignements d'aréquiers et de bétels ; contournent les massifs de bambous épanouis en gerbe et dont le feuillage est une dentelle, lèchent les troncs des banyans solitaires qui laissent pendre leur chevelure de lianes. Ils pétillent de lumière, pour s'obscurcir subitement sous un tunnel formé par des cocotiers aux longues palmes vertes, jaune d'or ou brun fauve, recourbées en voûte. Par ci par là, un sentier de bois les borde, formé par une estacade en surplomb; un pont les enjambe, simple poutrelle portée par deux chevalets et reliée à la rive par des planches inclinées, avec une perche horizontale en guise de main-courante. Les plus vieux comme les plus jeunes passent sans hésitation sur ce chemin d'acrobate.

La demeure des parents de Mè Choup s'élevait sur les bords du klong Sân, dont les eaux montent et descendent avec la marée. C'était une cabane sur pilotis coiffée d'un toit de chaume en palmes de latanier, qui porte le nom d'attapp. La muraille et le plancher étaient en bois de teck, qui ne pourrit pas et qui résiste à la morsure des fourmis blanches. Toute construction d'un autre bois peut paraître intacte au dehors : un beau matin, elle s'écroulera, rongée à l'intérieur par le travail des bestioles. Combien de choses dans la vie, combien de bonheurs sont aussi peu solides qu'une pièce de bois minée par les fourmis blanches !

Cette demeure comportait trois pièces — trois, nombre impair, favorable, par conséquent. L'une d'elles était occupée par les parents de Mè Choup; la seconde par Mè Choup elle-même; la troisième était salle commune et servait à accueillir les hôtes de passage. Ces trois pièces n'étaient d'ailleurs séparées que par de vagues clayonnages, élevés jusqu'à mi-hauteur et communiquaient entre elles par de simples ouvertures béantes. Les fenêtres se fermaient la nuit par un panneau rabattu de l'extérieur; le déchet de la maison était évacué

entre les lamelles de bambou constituant le plancher.

L'ameublement se composait de nattes, de jarres en terre vernissée et de quelques meubles bas sur pattes, propres à l'usage de gens qui vivent assis sur le sol. La place d'honneur était réservée au crachoir à la vaste panse, au col étroit, au pavillon évasé; dans l'ombre brillait un personnage en cuivre, les jambes croisées sur un berceau de feuilles de lotus et le chef auréolé par les sept têtes du Naga : c'était la statue du Pra Puttha-Chao, le Bouddha siamois. Devant la maison s'étendait une plate-forme en encorbellement au-dessus du klong, et ses habitants venaient y goûter la fraîcheur du soir. Une pirogue, amarrée à un pieu, servait de moyen de communication.

Entre les pilotis se trouvait l'étable, c'est-à-dire qu'une truie allaitant ses huit petits s'y vautrait dans la vase avec des grognements de joie. Un chien au long poil aboyait furieusement chaque fois qu'un étranger venait à passer. Quelques poules avec leurs poussins complétaient la famille.

Une autre habitation voisinait avec celle des humains, plus petite à la vérité, car elle était portée par une perche fichée en terre. C'était la maison des « Pî ».

— Qu'est-ce qu'un Pî ?

— Un Pî est un esprit malin. Il se révèle d'habitude aux vivants par mille manifestations, dont la moins désagréable consiste à leur chatouiller la plante des pieds pendant la nuit. C'est pourquoi les gens avisés se rendent les Pî favorables par des offrandes de fruits, de fleurs, de rubans rouges, ou bien en leur construisant la maison qui les rendra sédentaires.

Mè Choup eut affaire avec l'un d'eux. Peu de temps après son veuvage, et tandis qu'elle était plongée dans le premier sommeil, elle entendit une voix qu'elle reconnut pour celle de Luang Samit, ami intime de feu Fouk-Long en son vivant. Il se plaignit de ce que son âme, ayant quitté la demeure de son corps, en était réduite à errer à l'aventure, sans abri qui lui fût propre. Mè Choup eut l'étourderie de ne pas comprendre l'avertissement. La

nuit suivante, elle se sentait tout à coup soulevée de sa couche et projetée assez rudement sur le plancher. La leçon lui fut profitable. Dès le lendemain matin, elle traversait le fleuve et s'en allait auprès de la place de Si-Kak, acheter chez un charpentier la maison en miniature qu'elle installait le jour même sur le bord du klong, à l'ombre d'un manguier. Moyennant quoi ses sommeils furent désormais tranquilles.

IV

Les premières années de Poh Dèng s'écoulèrent entre sa mère Mè Choup, son grand-père Naï Leut et son aïeule, la vieille Mè Kao. Vous auriez en vain cherché entre tous les petits Siamois, Chinois et Louk-Chin une souris plus gentille que Poh Dèng. Il riait toujours et de tout. Le centième jour après sa naissance, son grand-père, se conformant à la coutume, lui avait tondu la tête, ne laissant qu'une touffe de cheveux sur le sommet du crâne; puis il l'avait aspergé de l'eau lustrale préparée par les Brahmines du wat Bôt-Prâm et qui fait couler le bonheur avec elle; il avait enfin invoqué le nom de Pra Ket, qui est le Thewada, c'est-à-dire l'ange, patron de ce rite. Quelle figure faisait cependant Poh Dèng? La seule manifestation à laquelle il se livra fut un éternuement sonore, qui provoqua dans l'assistance un rire inextinguible.

Mè Choup était fière de son fils et l'appelait de noms de tendresse, tels que « Mon petit trésor de cent catti d'or ». Toujours et partout elle l'emmenait avec elle, posé à califourchon sur sa hanche gauche, jambes ballantes et semblable à une grenouille. Une fois pour toutes, elle l'avait habillé d'une médaille d'argent suspendue au cou, et des bracelets de même métal faisaient saillir des bourrelets de chair aux poignets dodus et aux chevilles potelées du petit trésor. Chaque matin il était soigneusement enduit d'une couche de curcuma, sorte de safran, dont la vertu est d'éloigner les mouches. Son berceau, suspendu aux poutres du toit, se composait d'un double cadre en bois, réuni par un filet, de façon à laisser passer l'air. Accroupie sur le plancher, la mère ou l'aïeule imprimait d'une main un mouvement de va-et-vient à la nacelle, au moyen d'une corde, tandis que l'autre main agitait une palme. Et l'enfant s'endormait, bercé par quelque chanson plus ou moins improvisée :

« La tourterelle roucoule du matin au soir ;
La mère s'amuse à l'écouter,
Allez, roucoulez toujours !
Porte-toi bien, mon chéri. »

De fait, le chéri se portait à merveille. Ou bien encore :

« *Hu-Kuk la poule élève ses poussins avec amour.*
Elle n'a pas de mamelle pour nourrir ses petits ;
Les poussins crient « Chièb ! Chièb ! »
Tous les jours leur mère gratte la terre à la hâte,
Cherchant la nourriture qui s'y trouve.

Les oiseaux et les corbeaux s'envolent dans le ciel,
Mais la mère poule donne à manger à ses poussins
En allant sans trêve, pleine de sollicitude,
Cherchant la nourriture avec empressement. »

Et le poussin Poh Dèng ne mettait pas un moindre empressement à demander la sienne au sein maternel, qu'il enserrait de ses deux mains. Il en profitait d'ailleurs et, si sa tête affectait la forme d'une courge, son ventre bombé avait le volume d'une pamplemousse.

Son enfance se fût déroulée sans incident notable si, un beau matin, la fièvre ne l'avait pris. Comme elle persistait, Mè Choup fut au désespoir et la maison retentit de ses cris. Et quoi! son trésor allait-il lui être ravi? Sa fleur de lotus allait-elle mourir, à peine née au jour? Cependant la vieille Mè Kao, demeurée calme, sut découvrir la cause de l'affection: le petit malade n'avait-il pas dormi toute la nuit, la tête tournée vers le Sud? Or, c'était le jour de la lune et chacun sait que, ce jour là, le corps doit être orienté pendant le sommeil dans la direction du couchant. La nuit qui suivit, Poh Dèng fut étendu comme il convenait et la fièvre tomba d'elle-même.

V

Si Poh Dèng était le plus aimable des enfants, Mè Choup était la plus enjouée des jeunes femmes. Ceux qui l'ont connue la revoient encore, avec ses cheveux hérissés en brosse à la mode thaï, drus et raides comme une crinière de jeune pouliche frais tondue ; son regard toujours en mouvement, ses attaches fines, cerclées de bracelets d'or et de jade. Ses doigts en fuseau se chargeaient de bagues et ses gestes étaient menus et pleins de cette élégance innée aux races de l'Extrême-Orient. Suivant la coutume, elle mâchait sans cesse une noix d'arec enveloppée dans une feuille de bétel, que recouvrait une pellicule de chaux : comme celle-ci était colorée en rouge par un mélange de curcuma, les lèvres de Mè Choup étaient toujours sanguinolentes ; pour les adoucir, elle les frottait d'une cire parfumée contenue dans une petite boîte d'argent en forme de fruit. Mais elle ne pouvait empêcher la lèvre inférieure de tomber peu à peu sous la pression de la noix, qui déchausse aussi les dents. Celles-ci étaient laquées de noir et, certain jour qu'un Farang lui demandait la raison d'être de cette bizarrerie, elle lui exprima en guise de réponse son dégoût pour les dents blanches, semblables à celles d'un chien. Le Farang se le tint pour dit.

Mè Choup aimait la parure, qui ajoute à la séduction naturelle de la femme. Elle portait avec grâce le pa-noung, sorte de jupe qui, nouée par devant, se tord par le bas en un bourrelet, qu'on ramène entre les jambes, pour le rattacher par derrière à la ceinture. La culotte bouffante ainsi faite est la même pour les deux sexes. Etant soucieuse des convenances, Mè Choup avait sept pa-noung, qu'elle appariait soigneusement aux sept jours de la semaine, suivant la couleur de l'astre qui préside à ce jour, depuis le blanc argenté du jour de la Lune jusqu'au bleu foncé du jour de Saturne. Ses seins, alors élastiques et fermes, étaient contenus dans le pa-hom, sorte d'écharpe qui fait le tour de la poitrine et se noue sur le côté. Elle marchait à l'ordinaire pieds nus, mais, les jours de fête, elle mettait des bas blancs, des escarpins vernis à boucle d'argent et le pa-hom était remplacé par un corsage de dentelle que serrait à la taille une ceinture de soie. Cet accoutrement était parfaitement ridicule et la rendait heureuse.

Il ne faudrait pas croire cependant que Mè Choup fût une personne futile. Sans doute, elle aimait le spectacle et fréquentait assidûment, soit au lakhon siamois, soit au théâtre chinois, dont les acteurs ont des masques terribles. Mais elle en aurait remontré à la plus industrieuse des filles de Bangkok. Ses talents culinaires indiscutables s'affirmaient notamment dans la confection des kèng. Le kèng est le curry siamois; mais il est aux autres curries ce qu'est la soie au coton, l'argent au cuivre, ce qu'est au cri du geai le chant du rossignol.

L'élaboration du kèng est chose longue et minutieuse. Lorsqu'il s'agissait d'en confectionner un, Mè Choup convoquait deux voisines de ses amies, et dès la deuxième heure du matin (la huitième heure du jour des Occidentaux) on commençait à éplucher, à découper, à hacher menu, à piler fin les ingrédients les plus divers, qui bientôt mijotaient, mitonnaient et ronronnaient sur les minuscules fourneaux de terre. Accroupies devant ceux-ci, les trois commères Mè Choup, Mè Bang et Mè Pân attisaient le feu avec un éventail, jacassant comme

des pies, riant comme des folles. Aussi, le soir venu, les convives voyaient-ils apparaître une armée d'assiettes et de soucoupes sur lesquelles fumaient les morceaux de pla-thèpô, le roi des poissons; s'étalait le riz — du riz de jardin, s'il vous plaît! — rougeoyaient les piments et brunissaient les sauces aux herbes aromatiques. Les cuillers de porcelaine couraient avec célérité parmi ces friandises, picorant sur chacune d'elles, et la gamme des plats fournissait au palais des notes délicates ou vibrantes, dont les combinaisons imprévues se fondaient dans une harmonie savoureuse. L'accord final consistait en un gâteau, dont la pâte onctueuse était enfermée dans une noix de coco et dont le seul parfum eût fait renoncer l'ascète Samana Kodon à la pratique du jeûne, alors qu'il cherchait la sagesse dans les mortifications.

VI

Chaque matin, dès l'aube, Mè Choup descend les degrés de l'escalier de bois qui baigne dans le klong. Elle entre dans l'eau jusqu'à mi-jambe; puis, avec le bol en argent niellé qui lui fut donné par Fouk-Long, lors de ses fiançailles, elle procède à ses ablutions. L'eau tombe sur ses épaules, coule sur sa poitrine et trempe son pa-noung, qu'elle a gardé comme faire se doit : il n'est homme ou femme qui manquerait à cette habitude, car la pudeur au Siam est chose foncière et ne consiste pas, comme en d'autres pays, à évoquer la nudité par les artifices du voile. L'opération terminée, la baigneuse revêt un second pa-noung : alors seulement elle laisse glisser l'étoffe mouillée, bientôt sèche au soleil.

Pour Poh Dèng, le cérémonial est plus simple: alors qu'il se traînait encore à quatre pattes, l'on a fixé autour de sa poitrine une ceinture de noix de coco vides, de façon à le soutenir à la surface de l'eau; il a donc pu, sans risque, prendre ses ébats en compagnie du chien Singto — ainsi nommé pour sa crinière léonine — qui le bousculait en l'éclaboussant. Dès qu'il a su nager, ses grands-parents l'ont gratifié d'une embarcation pour son usage personnel : c'est une pirogue si minuscule, qu'elle semble appartenir à la maison des Pî, près de laquelle elle est amarrée. Poh Dèng trouve cependant le moyen d'embarquer à son bord deux de ses contemporains, dont il est le capitaine. L'eau arrive à la hauteur du bordage; au premier coup de pagaie donné à faux, elle envahit la coque et le navire coule à pic. En un clin d'œil l'équipage, que le désastre n'a pas surpris, l'a retourné, remis à flot et, par un miracle, s'est retrouvé à son poste de manœuvre. Poh Dèng ne mérite plus le nom de souris. C'est maintenant une véritable grenouille qui, plus que sur la terre ferme, vit sur l'eau et même sous l'eau.

Une de ses distractions favorites consiste à se rendre avec Mè Choup au marché flottant du klong Mòn, en face du Palais Royal. Le trajet l'intéresse par sa variété et son animation. C'est par douzaines que l'on croise les pirogues, dont la coque, pansue en son milieu, s'effile en se relevant aux deux extrémités. Accroupi tout à l'arrière, le batelier pagaye, toujours du même bord;

c'est un maraîcher, qui va vendre son chargement de légumes ou d'ananas ; c'est un commerçant en cotonnades, qui s'arrête de maison en maison pour exhiber ses échantillons ; c'est un cuisinier chinois, dont le fourneau est surchargé de fritures crépitantes. Pour complaire à Poh Dèng, Mè Choup fait un signe : les deux embarcations se rangent bord à bord et le Chinois lui tend, dans une soucoupe de porcelaine, une portion assaisonnée d'une plaisanterie au gros sel. Elle lui répond sur le même ton, en jetant pour prix de la friandise servie quelques att de cuivre, qu'elle a pris dans le nœud de son pa-noung.

— « Sabaï !
— Sabaï kia ! » (Kia est une interjection d'amabilité, que les femmes ajoutent à la formule du bonjour ou de l'adieu).

Et les deux barques s'éloignent, laissant derrière elles un sillage, qui s'épanouit en éventail jusqu'à la rive.

Sur cette rive les surprises abondent. Voici, dans une clairière, un vieux wat, dont le toit monumental érige son triple étage au-dessus des figuiers sacrés. Les tympans, ornés de verroteries et de clinquant, étincellent au soleil couchant et, quand les rayons de la lune y viennent jouer, on dirait des écailles de nacre, au semis de diamants, d'émeraudes et de saphirs. Tout à côté, la bonzerie est composée d'un amas de cabanes sur pilotis, parmi lesquels des portées de marcassins s'enlisent dans la vase. Poh Dèng connaît par son nom le wat Pichayat, dont les trois pavillons, surmontés chacun d'un prang, c'est-à-dire d'un clocheton finissant en ogive, sont roses au milieu du feuillage sombre. Là, pour la première fois, il a vu un flamboyant en fleurs : l'arbre ressemblait à un grand bouquet de pourpre, d'écarlate, de vermillon, et ce spectacle a tellement ravi son regard d'enfant qu'il en a battu des mains.

Arrivé sur le fleuve, il aime suivre des yeux le mouvement incessant de batellerie qui anime ses flots jaunâtres; il y a là tant d'embarcations de toutes formes et de toutes tailles, dont son imagination fait des êtres vivants! Il sait bien que la jonque chinoise n'est autre chose qu'un poisson ventru qui le regarde de ses gros yeux fixes; le sampan, avec sa hutte d'attapp, lui apparaît comme une bête aquatique à l'échine bossue; et ne sont-ce pas des monstres marins, toujours affamés qui, rangés devant les

moulins à riz, engloutissent sans cesse le paddy engouffré dans leurs gueules béantes ?

Sur le klong Môn, où se tient le marché, c'est un fourmillement de barques qui s'enchevêtrent dans un tohubohu inextricable. Vendeurs et chalands forment un

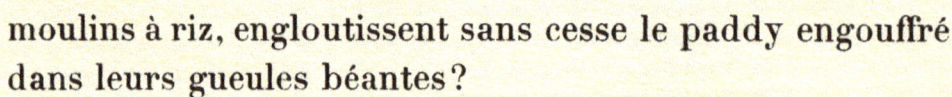

parterre bigarré, sur lequel le soleil, au travers des branchages, jette une pluie de lumière qui inonde les chapeaux en forme de champignon ou de pirogue renversée, coule le long des torses luisants et éclabousse les pa-noung verts comme les feuilles, bleus comme le ciel ou rouges comme le sang. Au milieu de cette multitude, étrangement calme, un parasol chinois, vu à contre jour, auréole une tête d'un nimbe orangé, ou bien une robe de bonze, sortant de l'ombre, apparaît toute en or.

Autre gamme de couleurs et non moins harmonieuse, formée par les légumes et les fruits amoncelés. Les produits du Siam, de la Chine et du Japon y voisinent, suivant les saisons. Les bananes pâlissent à côté des mangues dorées et des kaki rutilants. Les vertes pamplemousses écrasent de leur masse les letchi rougeauds et chevelus, les ternes sapotilles et les pommes cannelles squameuses, aussi sucrées que la canne. Voici les mangoustans pourpres, dont les feuilles, fixées à l'écorce rugueuse, révèlent par leur nombre celui des blancs quarterons qu'ils renferment. Enfin et surtout, voici le dourian, le roi des fruits. Il dégage une odeur fétide, mais sa saveur est telle, qu'il est impossible de n'en manger qu'une fois.

Durant la saison des pluies, il arrive souvent qu'un orage éclate avec la soudaineté propre aux climats tropicaux. Alors, sous l'averse qui flagelle les cuirs, c'est la débandade. Débandade sans tumulte. Cette agglomération de coquilles de noix, cet enchevêtrement de poupes et de proues se désagrègent, comme sous l'action d'une main invisible. Pas de désordre, pas de cris. Si d'aventure, quelque heurt se produit, il est révélé par un éclat de rire, lancé par les victimes aussi bien que par les auteurs de l'abordage et qui trouve un écho tout alentour.

Cependant Poh Dèng, que Mé Choup ramène en pagayant à force, Poh Dèng, satisfait de sentir la pluie ruisseler sur son petit corps d'amphibie, rit lui aussi, pour rien, parce qu'il est heureux.

VII

Poh Dèng, en grandissant, s'est fait des amis qui tiennent une place considérable dans sa vie journalière. C'est d'abord le chien Singto, promu à la dignité de confident. Chaque soir, son maître, tout en fumant sa cigarette roulée dans une feuille sèche de bananier, lui détaille les incidents de la journée, lui conte ses satisfactions et lui dit ses déboires. Alors le bon Singto agite sa crinière de lion d'un air terrible et se laisse tirer les poils avec placidité.

Une autre affection est celle de la vieille Mè Lèk, courbée vers la terre, toute blanche des cheveux et dont la peau est aussi ridée que celle d'un buffle. Sa mâchoire inférieure va et vient dans un mouvement continuel de mastication et les paroles sortent confusément de sa bouche édentée. Elle habite une des cases de la petite cité marchande, tapie au confluent du klong Sân et de la Mè Nam. C'est là que les ménagères des environs viennent s'approvisionner de fourneaux en terre, de lampes à pétrole, d'articles de mercerie, d'éventails et de parasols ; on y trouve également des boissons pétillantes et de l'eau durcie, qu'on ne peut toucher sans se brûler la peau. Mé Lèk vend, pour sa part, des œufs conservés dans de la cendre, du poisson salé et excelle dans la préparation du pla-kapi.

— « Ah ! te voilà encore, vilain fruit de Chèk ! »

Et tandis que la vieille dément par une grimace affectueuse ses paroles bourrues, Poh Dèng s'extasie à la voir broyer dans un mortier les crevettes, qu'une longue exposition à l'air a rendues « à point » ; les malaxer, les incorporer à une saumure épaisse, pour obtenir une pâte visqueuse et verdâtre, dont les émanations combattent victorieusement celles de la vase et des détritus jetés dans le klong. Le pla-kapi est une des friandises de la population siamoise.

Toutefois, le meilleur ami de Poh Dèng est bien son grand-père Naï Leut. Naï Leut est un vieillard ; il a vu quatre-vingts fois les rizières verdir. Des quatre femmes qu'il épousa, Mè Kao est la seule qui survive ! Mais l'âge n'a rien enlevé à la vivacité des souvenirs de l'aïeul. Il a vu tant de choses qu'on ne voit plus aujourd'hui, des choses curieuses ou terribles.

— « De mon temps, vois-tu, lorsque le peuple Thaï avait deux rois, les gens étaient meilleurs. Ce sont les Chinois — je ne dis pas cela pour feu ton père — et les Kek qui, en envahissant notre pays, y ont porté des mœurs déshonnêtes, inconnues de nos ancêtres. Les coutumes d'alors étaient aussi préférables. Par exemple, lorsque deux plaideurs s'adressaient à la justice, sais-tu ce que faisait le juge? Il commençait par les envoyer tous les deux en prison et par les y oublier quelques mois. Voilà qui était fait pour modérer l'esprit de chicane. Sans doute, l'on n'oserait plus aujourd'hui, comme jadis, se saisir des quatre personnes venant à passer les premières devant un mur d'enceinte nouvellement construit et les brûler vives sous la poterne, pour se concilier les génies de la Cité: non, cela on ne l'oserait pas, par mansuétude. Mais qui dit pitié dit faiblesse: aussi la pitié est donc un sentiment fâcheux.»

Poh Dèng écoute ces renseignements avec déférence; mais il boit les paroles de Naï Leut lorsque celui-ci fait, pour la vingtième fois, le récit d'une chasse aux éléphants à Ayuthia. Et ce récit finit par devenir, dans la bouche du conteur une manière de poème épique, qu'il récite par cœur en l'enrichissant chaque fois de quelque variante:

«Bien loin dans le Nord, là où l'on voit des montagnes, il y a des régions où les éléphants sauvages sont en si grand nombre, qu'on se fatiguerait à vouloir les compter.

«Sur l'ordre du Roi, les habitants de ces régions travaillaient depuis plusieurs mois à rassembler ces éléphants et à les diriger vers la ville de Kroung-Si-Ayuthaya, qui fut jadis capitale du Siam.

«Au fur et à mesure qu'il grossissait, le troupeau dévastait tout sur son passage, brisant les arbres comme des fétus de paille et couchant les rizières. Il comptait cent, deux cents, trois cents, quatre cents têtes quand il arriva sur les bords de la Mè Nam Chao-Pya.

« Là, il hésita quelques instants : un des éléphants apprivoisés qui conduisaient les autres entra dans l'eau : alors, toute la bande s'y jeta et cela fit monter le niveau du fleuve. Pendant qu'ils nageaient, les trompes levées semblaient une forêt vivante. »

Le narrateur s'arrête pour renouveler sa chique de bétel.

« Et puis ? fait Poh Dèng, impatient.

— Arrivés sur l'autre rive, ils se trouvèrent en présence du panièt, que les Farang appellent le kraal. C'est une grande enceinte circulaire, formée par des madriers rapprochés les uns des autres. On y pénètre par une ouverture en forme de couloir de plus en plus étroit.

« Là encore les éléphants domestiques jouèrent leur rôle traître, en entrant dans le panièt et en entraînant leurs frères derrière eux. Ceux-ci, se voyant pris au piège, voulurent rétrograder, mais les derniers poussaient les premiers, les forçant à avancer toujours.

« Quand le troupeau entier fut enfermé, il y eut un concert effroyable de barrissements, qui ébranla la voûte de cristal du ciel et la terre trembla sous le piétinement furieux des douze cents pieds énormes.

« Certains éléphants se précipitaient contre la barrière, pour la renverser; d'autres essayaient d'arracher les pieux avec leurs trompes; certains galopaient au hasard et, dans la mêlée effroyable qui s'en suivit, beaucoup moururent, étouffés.

« Pendant ce temps, des cordes, terminées par des nœuds coulants, étaient lancées d'entre les intervalles de la palissade et, peu à peu, toute la bande se trouva entravée. Il ne resta bientôt plus dans le milieu du paniet qu'un tout petit éléphant.

« Sa mère avait été si horriblement écrasée, sans doute

en voulant protéger son petit, que son corps ne formait plus qu'un amas de chair. Lui, restait auprès, hagard, la trompe levée et poussait de temps à autre, une clameur désespérée. Ce spectacle excitait les rires de la populace. »

Poh Dèng ne rit pas. Il voit l'éléphanteau prisonnier et brâmant sur le cadavre de sa mère. Et, sans faire attention au talisman qu'on lui présente, talisman qui consiste en une touffe de poils arrachée à la queue de l'un des monstres, il sent quelque chose tressaillir en lui, quelque chose que le vieux Naï Leut ignore, tout savant qu'il est: Poh Dèng connait maintenant le sentiment fâcheux de la pitié.

II
MÈ PING

MÈ PING

I

S I le klong Sân représente une des rues du Bangkok nautique de la rive droite, le klong Bang-Luang en est une des avenues; avenue spacieuse, bordée de maisons flottantes, dont beaucoup sont des magasins. Les étalages s'y trouvent presque à fleur d'eau, sur une terrasse qu'abrite un auvent, en sorte que le client accoste, fait son choix et repart, sans avoir à quitter son embarcation.

Chacune de ces maisons, construite en teck, est portée par un radeau solidement amarré à de robustes pieux; elle comprend un corps de logis, dont le double toit d'attapp, au profil aiguisé par un cadre de bois triangulaire, fait songer à un double V renversé; un appentis coiffé de la même façon s'y accole. L'habitation fluviale, qui jouit de la fraîcheur de l'eau, qui ne craint pas les bêtes malfaisantes du rivage, suit doucement les mouvements du flot et nargue l'inondation, quand la huitième lune de l'année fait déborder les rivières. Est-elle lasse d'un endroit? Elle s'attache à quelque train remorqué par un bateau de feu, et remontant la Mè Nam, elle émigre vers le Nord, là où les nuits sont fraîches, vers Pitsanulok ou vers Outaradit.

Dans une de ces maisons flottantes — la vingtième à commencer par la main droite — habitait une grave petite personne, que sa mise distinguait des filles d'alentour : au lieu du pa-noung siamois, elle portait le sin laotien, sorte de jupe habituellement rayée de jaune, que termine une large bande noire et qui tombe droit jusqu'aux chevilles. Ses cheveux, lisses et brillants d'huile de noix de coco, relevés sur le sommet de la tête en un chignon, s'ornaient d'habitude de fleurs de dok-mâli, dont les pétales sont blancs et dont le parfum est pénétrant.

Son nom était Mè Ping. Elle était née à Pak-Nam Pô, où la Mè Nam Ping unit ses eaux torrentueuses aux flots de la Mè Nam Pô, pour donner naissance au fleuve souverain. Ses yeux d'enfant avaient vu le spectacle surprenant qu'il présente en cet endroit : les milliers de troncs de bois de teck arrivant des forêts du Laos ou de la Birmanie, après avoir franchi les rapides; puis réunis en des radeaux sans fin, qui se laissent dériver au fil du courant. Le mouvement et le tumulte n'arrêtaient guère

et la petite Mè Ping ne se figurait pas que le reste du monde pût être différent.

Aussi fut-elle surprise de se réveiller un beau matin au milieu du fleuve, dont les rives fuyaient d'un glissement égal et continu. Cela dura un temps qui lui parut très long. Pendant des jours et des jours, elle ne vit autre chose que le double rideau d'aréquiers, de bambous et de palétuviers, qui se succédaient interminablement. Parfois cependant, le rivage se dénudait et l'on apercevait au loin la rizière, toute unie et toute miroitante. Comme c'était au printemps, les jeunes pousses, non encore repiquées, montraient leur chevelure d'un vert tendre, parmi laquelle l'eau tiédie par le soleil reflétait les nuages. De temps à autre, un vieux wat chenu, moussu, branlant, apparaissait dans un bouquet d'arbres aussi vieux que lui et des bonzes immobiles rêvaient sur l'appontement. Tout le jour ce défilé continuait et la nuit aussi, quand brillait la lune; alors, la surface du fleuve ressemblait à une grande coulée d'argent, sur laquelle dansaient des libellules de nacre. Mais, d'ordinaire, on s'arrêtait au coucher du soleil, car l'obscurité n'eût pas permis d'éviter les filets tendus en travers du courant, pour prendre le poisson.

L'on avait dû s'arrêter plus longuement à Ayuthia, parce que la maison faisait eau et demandait des réparations. De ce séjour, Mè Ping avait gardé un souvenir: tandis qu'elle errait au milieu de la jungle épaisse de l'île où s'éleva jadis la cité royale, elle se trouva sur les bords d'un lac aux eaux dormantes, couvertes de lotus; de grandes fleurs s'élançaient, les unes encore fermées, les autres étalant leurs pétales en désordre et toutes étaient roses, d'un rose passé, semblable à celui des vieilles soies. Ayant contourné le lac, trois édifices se dressèrent devant elle: on eût dit des cloches de pierre monumentales, surmontées de pointes très hautes. En face de ces grands cheddi embroussaillés, Mè Ping se trouva petite; elle eut peur. D'autant plus peur que le soir tombait. Alors elle se mit à courir de toute la vitesse de ses jambes menues.

Et voici qu'elle se vit en présence d'un génie. Parfaitement! d'un génie immense, gigantesque, qui se tenait accroupi sur un mur, au milieu des arbres. Pour apercevoir sa tête, Mè Ping devait lever la sienne, comme pour contempler les étoiles. Sa stupeur fut telle, qu'elle ne remarqua pas d'abord certains détails étranges : le génie était coiffé d'une flamme; ses oreilles, d'un dessin bizarre, descendaient jusqu'à toucher ses épaules; enfin, il était manchot du bras droit. Ce devait être un vieux génie, car les buissons avaient eu le temps de pousser le long de son dos; des racines sortaient d'un trou qui s'ouvrait dans son ventre et sa main gauche, amputée de ses doigts, portait

en guise de bagues, un lacis de souches et de lianes.

L'effarement cloua d'abord Mè Ping sur place; mais dans l'instant où elle se disposait à reprendre sa course, un dernier rayon de soleil glissa sur la figure de l'apparition : alors, au lieu de l'expression narquoise qui l'avait effrayée, l'enfant crut voir que les traits du géant s'épanouissaient dans un sourire. Subitement, la confiance succéda à la crainte : d'un mouvement instinctif, elle s'accroupit comme le veut la politesse et, par trois fois, elle fit le geste « ouaï », qui consiste à porter les mains jointes à la hauteur du front.

C'est dans cette posture que des bonzes, venant à passer, trouvèrent la petite Mè Ping devant le grand Bouddha d'Ayuthia.

II

Comment Mè Ping et Poh Dèng se connurent? Oh! de la façon la plus simple. C'était vers l'époque du Krout Thaï, du jour de l'an siamois, alors que le vent du sud-ouest, le Lôm Wao, commençant à souffler régulièrement, prête ses ailes aux cerfs-volants pour qu'ils s'élèvent dans les airs. Poh Dèng prenait ses ébats en nombreuse compagnie sur la prairie, proche du wat Teipsarindr et du champ des crémations, qui semble le rendez-vous de toutes les oies, de tous les porcs et de tous les polissons de Bangkok. Polissons, dois-je employer ce mot? Non pas. L'enfant siamois est une grande personne précoce, attentive et sérieuse déjà, qui sait garder la maison, veiller sur la couvée des sœurs et frères cadets; et plus tard la grande personne, à son tour, conservera l'âme de l'enfant, pleine de rire et de sérénité.

Donc Poh Dèng lançait son cerf-volant et cherchait, comme d'habitude, à capturer celui d'un adversaire. La manœuvre consiste à faire planer l'appareil au-dessus de l'ennemi, puis fondre sur celui-ci comme un faucon sur sa proie. Lorsque les deux fils sont en contact, un mouvement de la main fait pivoter l'assaillant qui pique une tête pour se relever brusquement; le fil adverse se trouve emprisonné dans un nœud; il ne reste plus qu'à amener le vaincu à terre.

Poh Dèng avait jeté son dévolu sur un des oiseaux proches du sien et, comme il était d'humeur chantante, il entonna à pleine voix l'invocation coutumière au Génie du Vent :

« *Hé la Mère du Vent, fais souffler U, U!*
Pour te donner à manger
Je ferai bouillir une tête de cochon! »

Une voix plus douce répondit derrière lui :

« *Hé! la Mère du Vent, fais souffler Vaï, Vaï!*
Pour te donner à manger
Je ferai bouillir des œufs! »

Poh Dèng se retourna et vit une fille qui, tenant en main la ficelle du cerf-volant visé par lui, souriait d'un air moqueur.

Il riposta à son tour :

« *Hé! la Mère du Vent, fais souffler Chiu, Chiu!*
Pour te donner à manger
Je ferai bouillir la tête du poisson ka-siu! »

Sans doute le poisson ka-siu était-il le mets favori de la Mère du Vent, car, un souffle propice s'étant élevé, Poh Dèng en profita pour opérer la manœuvre avec succès. Une accalmie subite se produisit et les deux ennemis enlacés s'en vinrent à terre, si brusquement que le vaincu fut endommagé par la chute. Voyant cela, sa propriétaire fondit en larmes. Poh Dèng s'approcha d'elle et, magnanime, lui prenant le blessé des mains, y mit en place le champion vainqueur. Ceci fait, il l'embrassa sur le front, non pas, bien entendu, en faisant ventouse avec les lèvres, mais en témoignant par un reniflement sonore et prolongé, qu'il prisait la bonne odeur de la personne embrassée. Alors les larmes s'effacèrent et le sourire reparut.

De ce jour Mè Ping et Poh Dèng devinrent une paire d'amis. On les voyait ensemble courir la brousse, pagayer sur le klong ou passer curieusement en revue le peuple de statues et d'animaux fantastiques épars dans l'enceinte des temples. Il n'était d'attention qu'il n'eût pour elle; dès que Mè Choup ou que le vieux Naï Leut lui donnait quelque pièce de monnaie — que ce fût un beau salung d'argent ou seulement quelques atts de cuivre — il les transformait vite en un morceau de canne à sucre, de dourian confit, ou quelque autre friandise, que Mè Ping daignait accepter; ce dont Poh Dèng lui savait gré infiniment. Il l'emmenait aussi aux combats de coqs et Mè Ping, la douceur même, Mè Ping, qui n'eût pas fait de mal au petit lézard margouillat, était ravie lorsque les combattants hérissaient leur plumage, se dressaient sur leurs ergots, se jetaient l'un sur l'autre au milieu des encouragements ou des huées des spectateurs.

Comme ceux-ci étaient également des parieurs, ils suivaient avec anxiété, à travers les péripéties du combat, le sort de leurs enjeux, acclamant leur favori ou le huant, selon la manière dont il se comportait.

La même assistance se retrouvait à un autre genre de combat plus particulier. Il existe au Siam une sorte de poisson, le pla kat, de la grosseur d'une petite carpe; ce poisson est ainsi fait, qu'il ne peut voir un de ses congénères sans éprouver l'envie de l'attaquer. Des dresseurs spéciaux développent encore cet instinct combatif en introduisant, de temps à autre, un miroir dans le bocal où le poisson féroce est nourri de larves de moustiques; la vue de sa propre image exaspère le prisonnier, qui se précipite sur elle. Quand l'entraînement est à point, on remplace l'illusion du miroir par la réalité d'un second poisson et la lutte ne tarde pas à s'engager. Un vieux pêcheur, ami de Naï Leut, excellait dans ce dressage délicat, et les joutes qu'il offrait étaient fort courues; notre jeune couple se trouvait toujours au premier rang des amateurs. Comme la plupart de ses compatriotes, Poh Dèng avait le sentiment inné des couleurs. Aussi éprouvait-il un vif plaisir à voir, dans l'irisation d'un rayon de soleil, les deux corps couleur d'algue marine filer sous la poussée des nageoires de corail, sinuer en faisant des feintes, se tordre sur eux-mêmes pour bondir sous la détente d'un brusque coup de queue; si bien qu'à la longue, l'œil fatigué ne percevait plus, dans une eau laiteuse, qu'une suite de chatoiements bleus rayés d'éclairs rouges.

III

Mè Ping était orpheline. Toute jeune, elle avait été recueillie par son oncle maternel Naï Tien, dont elle était devenue le douzième enfant. Ces sortes d'adoptions se voient fréquemment au Siam où la famille nombreuse n'entraîne pas la gêne. Dans un pays où la vie est simple, où les besoins rares ont des contentements faciles, que représente un enfant de plus pour qui le gîte, l'habille et le nourrit? Une natte, un pa-noung, un peu de riz, et c'est tout. Chez les peuples heureux, donner ce n'est pas se priver.

Naï Tien n'était pas un homme de peu. Il possédait plus de cent raï de rizière bien irriguée dans les environs de Bangkok. Richesse importante, à laquelle s'adjoignait la propriété d'un troupeau de buffles. La récolte faite, et lorsqu'il s'agissait de battre le grain, toute la famille se rendait à la rizière. Au milieu du champ se dressait un fût de bambou portant à son extrémité supérieure une figurine de bois grossièrement sculptée, que surmontait une gerbe offerte aux oiseaux du ciel; ce bambou était le centre d'un manège fait d'une plate-forme de terre battue, sur laquelle deux buffles dépiquaient le riz dans leur lente promenade circulaire. Les deux monstres au cuir luisant, aux cornes recourbées, obéissaient docilement à l'aiguillon de deux minuscules bipèdes juchés sur leur échine, et qui n'étaient autre que Poh Dèng et l'inséparable Mè Ping. Ceux-ci, graves comme deux bonzes, contemplaient du haut de leurs montures le spectacle qui recommençait chaque soir : le voisinage assemblé festoyant, fumant des cigarettes, tandis que des musiciens tiraient des sons aigres, de cithares à deux cordes et de flûtes de bambou. Les lanternes de papier agitées par le vent au bout des perches, projetaient sur les groupes des lueurs mouvantes; des couples s'égaraient et c'est ainsi que s'ébauchaient des fiançailles.

Cependant les années coulaient, amenant avec elles les transformations de la vie. La vieille Mè Kao n'existait plus que sous la forme d'une pincée de cendres contenue dans une urne d'argent au couvercle effilé et reposait ainsi sur une étagère dans la chambre de Naï Leut, devenu plus maigre et plus sentencieux encore. Si quelque ami venait le voir, il disait, en montrant l'urne : « Voici ma femme ! ». Mè Choup n'était plus jeune : elle approchait de la trentaine et ne prenait plus la peine de cacher sa poitrine ; mais elle était demeurée aussi vive, aussi alerte, aussi rieuse que par le passé.

Poh Dèng et Mè Ping grandissaient côte à côte et chaque printemps ajoutait à la force de l'un, à la grâce de l'autre. Poh Dèng était maintenant un adolescent vigoureux et gaillard, sans rival pour la course à pied ou pour la manœuvre de l'aviron. Il fallait le voir en sampan, dressé sur la plate-forme de l'arrière, la jambe droite immobile, la jambe gauche balancée d'un mouvement rythmique, le poids du corps porté sur l'unique aviron, auquel ses deux mains imprimaient un mouvement de godille. Jamais d'accroc ni de fausse manœuvre ; en dépit des vagues, au milieu des remous, il évoluait parmi les autres embarcations, il évitait, il accostait avec une précision et une sûreté impeccables. Il n'y avait plus un homme et une chose, mais un être nouveau formé de leur union et vivant d'une vie propre.

L'instruction de Poh Dèng n'était pas négligée. Chaque jour, à l'exception du Wan Pra, le jour sacré, qui est le premier et le huitième de la lune croissante et de la lune décroissante, il se rendait à l'école du wat Angkaram, proche de sa demeure. Là, sous une sâla (simple toit

supporté par des colonnes de bois) les bonzes inculquaient à leur auditoire les rudiments des connaissances profanes ou l'initiaient aux préceptes du Maître. La leçon finie, les écoliers se délassaient en s'adonnant, dans les cours du wat, au jeu du takro. Ce jeu, que ne dédaignent pas les adultes, consiste à jeter en l'air une balle faite de fibres de rotin au milieu d'un groupe de joueurs, qui, le pa-noung troussé jusqu'en haut des cuisses, le torse nu, la rempaument, sans se servir des mains, par une simple extension de la jambe ou par une ruade subite. Faut-il dire que Poh Dèng excellait dans ce jeu et que son geste alliait la précision à la désinvolture?

Quand Mè Ping eut atteint l'âge de douze ans, il fallut lui raser la tête, comme le veut l'usage pour les filles devenues nubiles. Il plut à Naï Tien que cette cérémonie fût accomplie pour sa nièce, comme elle l'avait été pour ses propres filles, dans l'observance des rites et avec accompagnement de réjouissances.

Au jour fixé par les prêtres, Mè Ping fut donc revêtue d'étoffes somptueuses superposées et couverte de bijoux, de telle sorte que tout mouvement lui était impossible. Son chignon soigneusement lissé était attaché avec des brins d'herbes et ses mains tenaient des charmes consistant en des formules magiques tracées sur des feuilles de latanier. Quand les bonzes entrèrent, elle se prosterna, les coudes touchant terre, et demeura dans cette attitude tout le temps qu'ils récitèrent leurs psalmodies, en dévidant un fil, symbole du fil de la vie. Les prières finies, leur chef, saisissant une paire de ciseaux, en trancha le chignon d'un seul coup ; Naï Tien acheva de couper les cheveux, puis les autres parents versèrent de l'eau sur la tête dénudée. Enfin l'on festoya toute la nuit.

Au milieu de la joie et des rires, Mè Ping demeurait sérieuse. Elle sentait confusément que le temps de l'enfance était fini et qu'elle commençait sa carrière de femme.

IV

Le proverbe dit vrai : « Le bonheur vient par gouttes et le malheur arrive par flots ». Naï Tien en fit l'expérience. Deux années de suite, la récolte du riz avait été médiocre et Naï Tien avait dû s'endetter. La troisième année fut désastreuse, par suite des pluies excessives et persistantes qui noyèrent les rizières.

Ce malheur n'avait pas été une surprise pour ceux qui croient aux présages. Une vieille coutume veut que, le jour de la fête du Rek na qui, chaque année, ouvre l'ère des semailles, un seigneur de la Cour, délégué du Roi, se rende dans un champ proche de la capitale et là, saisissant le manche d'une charrue enguirlandée de branchages et de fleurs, en laboure l'étendue du champ. Il porte un de ces pa-noung de soie brochée tels qu'on n'en tisse plus aujourd'hui. Veut-on connaître le sort de la récolte à venir, il suffit de regarder ce vêtement. Si, durant le labour, le pa-noung se relâchant vient à descendre jusque sur les pieds, c'est signe qu'on pourra marcher dans la rizière, sans avoir à se retrousser: donc, sécheresse; s'il se tient à mi-jambe, les pluies modérées feront la récolte heureuse ; qu'il remonte au-dessus des genoux et les champs seront noyés. Tel, en cette année, avait été le présage et telle aussi la malechance.

Il en résulta que Naï Tien fut complètement ruiné. Pour que ses créanciers ne le fissent pas mettre en prison, il vendit ses bijoux, il vendit ses étoffes précieuses, il vendit sa maison flottante; en fin de quoi, n'ayant plus rien à vendre, il se vendit lui-même; c'est-à-dire qu'en échange d'une somme d'argent qui lui fut prêtée par un riche personnage, il devînt son esclave, devant payer par son travail les intérêts de la somme empruntée. Tout seigneur de quelque importance se compose ainsi une sorte de clientèle, par laquelle notamment sont tenus les emplois innombrables que comporte sa maison: car le ser-

viteur qui présente le miroir au maître n'est pas le même qui lui offre la cigarette et celui qui l'évente pendant le repas croirait déroger en lui versant le thé dans la tasse minuscule et toujours remplie. Certains de ces serviteurs deviennent des commensaux et font presque partie de la famille.

Semblable chance advint à Mè Ping que Naï Tien avait également vendue au Pya Kattorn, Grand Maître des écuries royales. La première femme du Pya, l'ayant remarquée pour sa gentillesse, l'avait attachée à sa personne; elle était préposée à la garde du pan-tong, sorte de nécessaire, dont les pièces, rassemblées sur un plateau, sont en métal précieux et témoignent, suivant leur richesse, du rang du propriétaire. Le Pya Kattorn était « Pya pan-tong » c'est-à-dire qu'il avait droit au service en vermeil.

Le rôle de Mè Ping était de présenter les ustensiles rituels à sa maîtresse et, lorsque celle-ci sortait, de porter gravement le plateau sur la paume des deux mains, comme une relique. Chaque fois qu'elle prenait son service ou qu'elle était appelée, elle se prosternait profondément, saluait et s'asseyait à terre, les jambes repliées, pelotonnée dans une attitude respectueuse. Devait-elle se déplacer devant sa maîtresse, elle le faisait non pas en marchant debout, grave manquement aux usages, mais en exécutant une suite de mouvements latéraux et rapides. Telle est la règle. Pas plus qu'aucune des autres manifestations de la politesse, elle ne doit être tenue pour humiliante. Les rapports des grands et des petits, pour être assujettis à une étiquette immuable, ne comportent ni orgueil ni bassesse. Ils n'excluent ni la dignité, ni même la familiarité.

V

« Dans un temple de village il est une fleur rouge;
La fleur Kham est devenue chère; la jeune fille mettra
Une écharpe rose; elle a déjà un fiancé.
— Est-ce que tu te pares pour quiconque veut te voir?
— Je me pare pour agacer mon amant. »

Telle est la chanson que Poh Dèng aimait entendre voltiger sur les lèvres de Mè Ping et qu'il se voyait maintenant réduit à fredonner tout seul. Car c'en était fini de la douce intimité journalière d'autrefois. Désormais privé de la petite compagne de ses jeux, il comprit la place qu'elle tenait dans sa vie et la regretta.

Dans les rares journées où sa maîtresse la laissait libre, il pouvait bien la rejoindre et passer quelques instants auprès d'elle. Mais il trouvait une Mè Ping plus grave, pénétrée de l'importance de ses fonctions. Répondait-elle à son amitié? Voilà ce qu'il se demandait. Car elle était déconcertante vraiment. Certains jours, elle l'accueillait avec force sourires et semblait heureuse de sa présence; d'autres fois, elle lui parlait à peine, le regard absent, et demeurait aussi impénétrable, aussi fermée, que ces boîtes fabriquées au Yi-Poun et qu'on ne peut ouvrir quand on n'en possède pas le secret. Et Poh Dèng ignorait le secret de Mè Ping.

Un matin, elle annonça négligemment à son ami que sa situation allait peut-être changer. Le Pya Kattorn possédait une troupe théâtrale, dont il se servait pour offrir à ses amis de la Cour des lakhon, auxquels le Roi ne dédaignait pas d'assister. Parmi cette troupe figurait, bien entendu, un corps de ballerines, propres à mimer également les rôles d'homme et les rôles de femme, car il est de règle que les deux sexes ne se rencontrent pas sur la même scène. Ces danseuses sont formées dès l'âge le plus tendre aux distorsions qui caractérisent l'art chorégraphique siamois. Or il advint que le Pya Kattorn fut frappé de la souplesse et de l'élégance de la petite porteuse du pan-tong. Il pensa qu'en dépit de son âge elle pourrait encore devenir un sujet d'élite et résolut de la faire éduquer dans ce but.

— Tu comprends, on va me donner des leçons et, dans peu de temps, tu me verras capable de faire lakhon.

De fait, Mè Ping montra de suite des aptitudes remarquables. Bientôt elle sut, mieux qu'aucune de ses camarades, plier ses bras au rebours de l'articulation, tourner ses pieds à angle droit, renverser ses mains de telle façon que l'extrémité des doigts vînt presque toucher l'avant-bras, faire tourner sa tête comme sur un pivot; et tout cela, naturellement, comme en se jouant, semblait-il. Elle prenait plaisir à répéter devant Poh Dèng les poses qu'on lui avait apprises, et sans rien prévoir, celui-ci s'émerveillait :

— Souei! souei! (Que c'est beau! que c'est beau!) répétait-il, en écarquillant les yeux.

Ce fut un événement lorsque, pour la première fois, Mè Ping monta sur la scène pour danser en public. Le théâtre était rempli de membres de la famille royale. L'on remarquait même, au premier rang, un Chao-fa, c'est-à-dire un fils du Roi et d'une des Reines du sang royal. A ses côtés et suivant l'ordre hiérarchique, se trouvaient des Pra-ong-chao, des Môm-Chao, astres de la Cour, auprès desquels les plus hauts dignitaires, les Chao-Pya et les Pya sont de bien petites étoiles et l'ensemble des Pra, des Luang et des Koun, assis aux derniers degrés de la hiérarchie, ne forme plus qu'une nébuleuse. Qu'était donc dans cette assemblée notre Poh Dèng, perdu dans le fond de la salle, au milieu des serviteurs du Pya Kattorn? Un fils du vent, un grain de poussière, un peu de néant. Il n'y songeait d'ailleurs guère, tant la chose allait de soi, et son regard errait sur les habits magnifiques du parterre, sur les justaucorps de brocart, sur les écharpes de soie, sur les bijoux étincelants.

Brusquement, tout cela cessa d'exister pour lui, car

Mè Ping venait d'entrer en scène. Il la reconnut de suite, malgré la couche épaisse de fard blanchâtre qui empâtait ses traits. Sa tête supportait le lourd pantiouret, la tiare à étages qui se termine en pointe et qui emboîte la tête jusqu'aux oreilles. Elle était vêtue d'une tunique couverte de paillettes et ses manches luisantes d'écailles ressemblaient au corps d'un serpent; à chaque épaule s'accrochait l'inchanon, sorte d'épaulette de forme triangulaire et relevée en corne; le pa-noung, aux plis raides et cassants, était en partie caché par le hoïna, large ceinture qui retombait par devant en deux plates-bandes lamées d'or et d'argent. Un triple collier de pierreries battait sur sa poitrine; des bracelets cerclaient ses poignets et ses chevilles, et de faux ongles dorés mettaient à ses mains des griffes démesurées. Dans cet attirail somptueux, où tout accessoire était aigu et tranchant, on eût dit quelque idole d'un hiératisme étrange et malfaisant, une divinité aux étreintes farouches, aux voluptés torturantes, dont chaque caresse ferait une entaille et qui mettrait une morsure dans chaque baiser.

L'idole s'anima. A pas glissés elle s'avança sur le devant de la scène; son buste fléchit en avant, se redressa, se cambra, tandis que ses jambes s'arquaient, que ses bras s'arrondissaient, griffant l'air de ses mains révulsées; la tête s'inclinait, virait, se retournait presque. La danse ne consistait pas en une série de pirouettes et d'entrechats, mais en une suite de dislocations et de cassures. Sous le feu de la rampe, le costume s'incendiait; parmi le chatoiement sombre des broderies, le miroitement clair des soies, on voyait scintiller les gemmes et le choc de la lumière sur les paillettes d'argent leur arrachait des éclairs. Parfois, un mouvement de recul repoussait tout dans l'ombre et l'on n'apercevait plus que le reflet fauve des ors qui se mouvaient lentement; puis une irruption subite en pleine clarté faisait de la danseuse une flamme vivante.

Elle reparut dans une autre partie du spectacle, qui se poursuivait, comme d'habitude, pendant presque toute la nuit, pour mimer une scène des légendes brahmaniques. Elle incarnait le Garouda, le coursier d'Indra, aux prises avec le génie (le

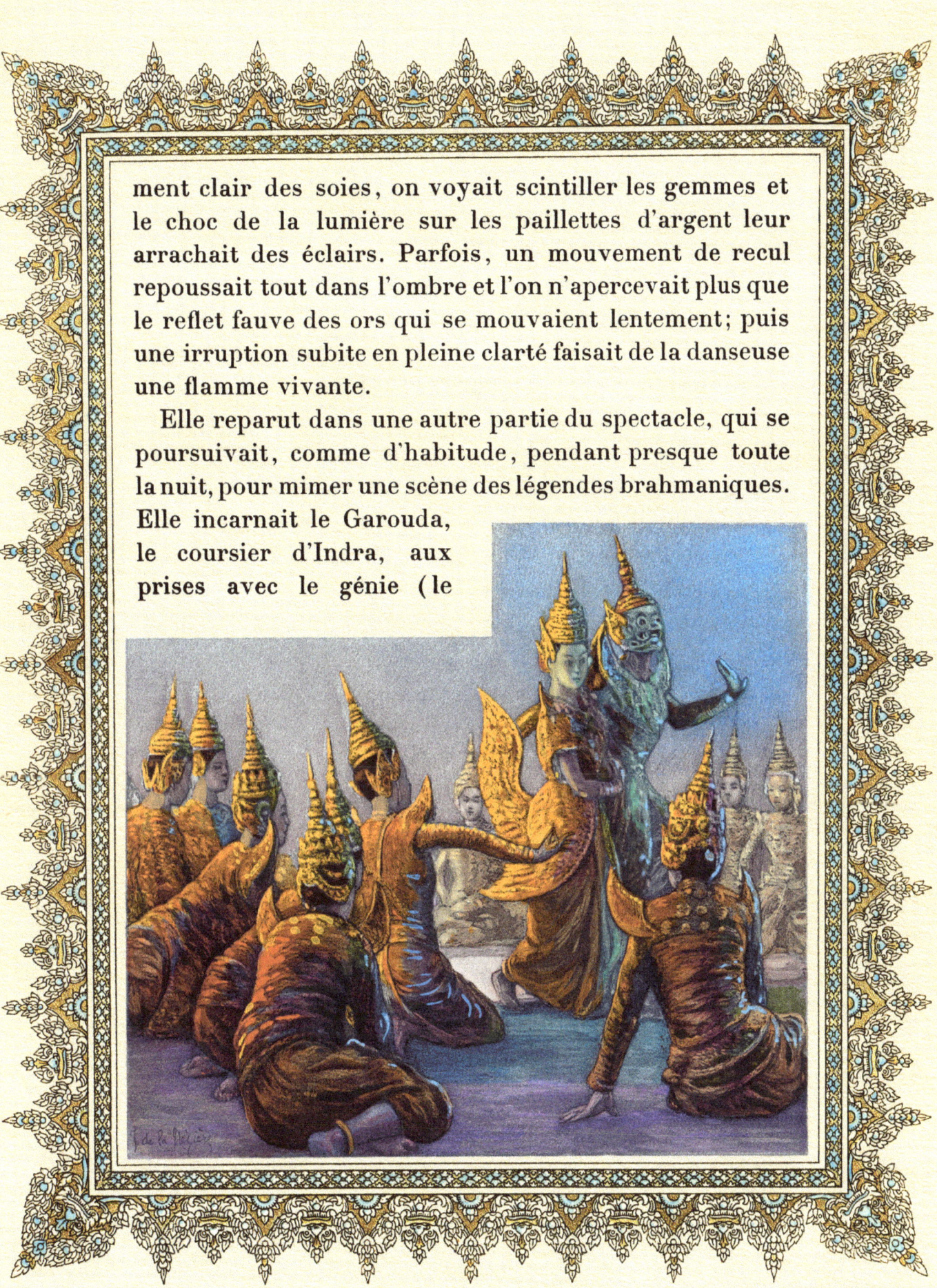

Yak) qui voulait l'enlever. Après une longue défense aux péripéties multiples, la créature ailée s'abandonnait, de guerre lasse, aux bras de son ravisseur.

Poh Dèng regardait de tous ses yeux. A part une danseuse, qu'il devinait exténuée par l'effort physique prodigieux développé dans une atmosphère de feu, sous un costume dont le poids est celui d'une armure, il ne voyait plus rien. Il vivait pour son propre compte la fiction qui se déroulait sous son regard. Plus de Yak, plus de Garouda, c'était lui, Poh Dèng, qui suppliait Mè Ping, qui l'étreignait de toute sa force, qui l'enlevait...

Il fut tiré de son rêve par un intendant qui le réquisitionna pour faire passer des boissons diversement colorées.

VI

La saison des pluies. Dans le mois de Makarakhom, le Janvier du Siam, quelques averses sont tombées. Ce sont les pluies des mangues, ainsi nommées parce qu'elles hâtent la maturité du fruit mamuang, et contribuent à lui donner sa saveur. Averses légères qui humectent à peine la terre altérée et s'évaporent au premier rayon du soleil ; larmes furtives séchées par un sourire.

Au mois de Mesayon ou d'Avril, la chaleur devient torride. Les gros nuages envahissent le ciel en troupeaux de plus en plus pressés, qui finissent par l'occuper entièrement. Le vent du sud-ouest, soufflant par rafales, fait ployer la cîme des cocotiers, secoue les banyans ancrés au sol par leur tronc multiple et jonche le sol des fleurs des flamboyants : par endroits, une litière écarlate recouvre l'herbe ou flotte sur les eaux du klong, toutes sanglantes. L'atmosphère est embrasée; les coups de tonnerre répondent aux coups de tonnerre et, chaque soir, l'horizon n'est qu'une ligne de feu. Les grondements du tonnerre se perdent dans le lointain; mais le rideau du ciel se referme, sans que l'orage ait éclaté. Il semble alors que l'air, emprisonné sous une calotte de plomb, cesse d'être fluide et ne veuille plus pénétrer dans la poitrine? Le corps entier, appesanti, ne s'arrête de ruisseler. Les heures ont perdu leurs ailes; elles rampent en transpirant.

Il en est ainsi pendant plusieurs semaines. Enfin, les premières pluies véritables se précipitent comme des cataractes, trouant le sol, lapidant les feuillages, fouaillant les toits d'attapp. Le voyageur égaré dans la plaine ne voit plus qu'un rideau mouvant, qui ondule au gré des bourrasques et se soulève à peine de temps à autre, pour laisser entrevoir de vagues silhouettes, fumant dans une buée chaude.

Car la délivrance, car le soulagement et le bien-être apportés par la trombe d'eau ne durent pas longtemps. Aussitôt que le soleil reparaît, il pompe l'humidité de la terre, et celle-ci exhale, avec son haleine, la chaleur qu'elle contenait. Un brouillard lent flotte dans l'atmosphère moite et les choses, à son contact, deviennent flasques et molles. Tout à l'heure, c'était le four; maintenant, c'est l'étuve.

Et voici que dans cette étuve tout un monde subitement éclos fourmille et vibre; des moustiques, des papillons, des punaises ailées, des insectes de toutes sortes emplissent l'air de leur vol bourdonnant ou strident. Des coléoptères aux ailes dures comme la corne bondissent dans tous les sens. Au dernier degré de cette éclosion minuscule et formidable, des myriades d'éphémères, nés avec le soir, forment le lendemain, à l'aube, des jonchées épaisses, ou même, agglomérés par endroits, des tas dans lesquels le pied entrerait jusqu'à la cheville.

Telle est la saison des pluies, qui se poursuit du mois de Prisapakom au mois de Thanwakom, c'est-à-dire de Mai en Décembre, avec des accalmies et des interruptions. Elle est attendue avec impatience et reçue avec joie, car c'est elle qui fait l'année prospère ou misérable. A cela Poh Dèng ne songeait guère. Seul peut-être parmi ceux de son entourage, il ressentait la tristesse des ciels couverts, du soleil absent, du clapotis morne de l'eau tombant sur l'eau, de la rizière disparaissant sous un ruissellement sans fin. Mais il se complaisait à ces paysages dont la désolation s'accordait avec celle de son âme.

En effet, les choses avaient empiré pour lui. De moins en moins il voyait Mè Ping, devenue l'un des premiers sujets de la troupe du Pya Kattorn. A peine, de temps à autre, pouvait-elle lui accorder quelque entrevue furtive, après laquelle il se sentait plus triste et plus seul.

« *Dans un temple de village il est une fleur rouge* ». Comme cette chanson l'obsède !

Un soir, Poh Dèng errait sur les bords du klong Sân. Tout reposait dans la jungle obscure, mais les bruits de la nuit emplissaient l'air. Le coassement des grenouilles formait un concert suraigu : on eut dit des milliers de lames de scie mordant la pierre avec ensemble. Parfois, ce concert s'interrompait subitement; un grand silence se faisait, traversé seulement par le frisson d'une palme, le frôlement d'un saurien dans les herbes, ou le craquement sinistre des bambous courbés par le vent. Puis, un cri isolé repartait, et, comme au signal d'un chef d'orchestre invisible, les lames de scie grinçaient de plus belle. Dans le lointain, la clameur intermittente d'une tribu de crapauds-buffles, plus grave et plus rythmée, faisait la basse.

Soudain, une lueur s'alluma dans l'ombre. C'était comme un globe de feu, composé de myriades d'étincelles verdâtres, à la clarté douce et spectrale. Seulement, cette clarté n'était pas continue; le globe s'éteignait, se rallumait, pour s'éteindre encore et se rallumer de nouveau, dans une succession de spasmes lumineux. Il n'y avait rien là pour surprendre Poh Dèng; il savait que les étincelles n'étaient autres que des lucioles qui brillaient par intermittences. Mais il avait un peu perdu l'esprit : dans les palpitations de l'arbre de feu, il lui semblait retrouver celles de son propre cœur.

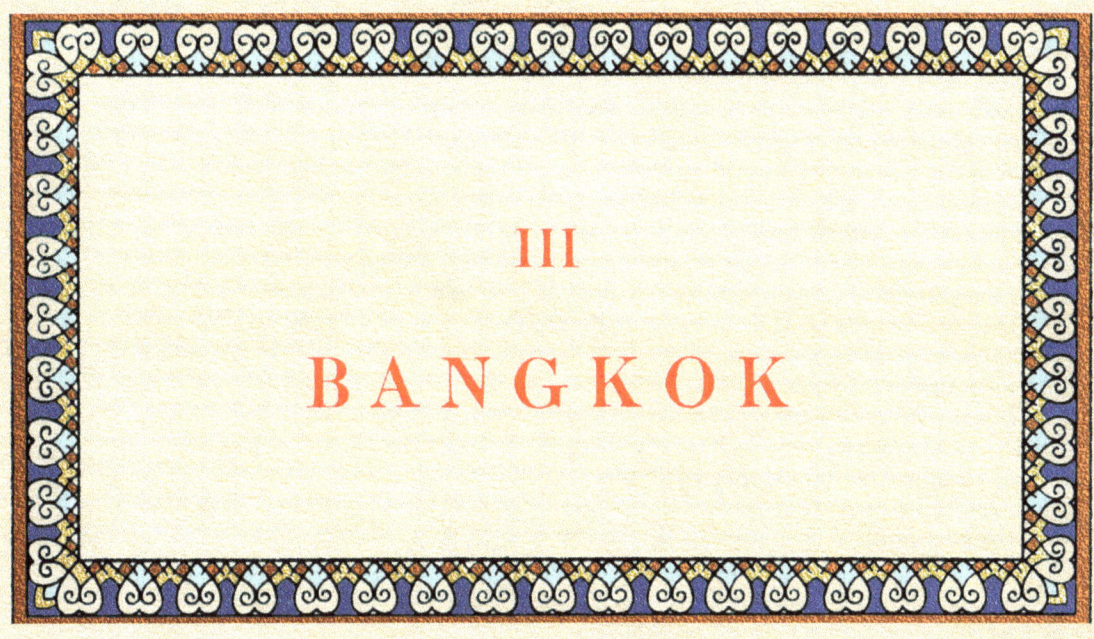

BANGKOK

I

UNE des plus belles cérémonies qu'il soit donné de voir à Bangkok est sans contredit celle du Tot Kathin, qui se place vers la fin de la saison des pluies. Elle se rapporte à une vieille tradition bouddhique. Jadis, dans les temps qui suivirent la mort du Maître et sa délivrance des réincarnations, ses disciples se vêtirent de jaune; ils agissaient ainsi par humilité, cette couleur étant réservée dans l'Inde aux gens sans caste, aux vagabonds et aux criminels. De plus, la robe ne devait pas être d'une seule pièce, mais faite de lambeaux ramassés ça et là et cousus ensemble : telle était la sévérité de la coutume première. Mais comme le temps adoucit toutes les rigueurs, les prêtres consentirent peu à peu à recevoir des robes entières des mains des fidèles. La coutume s'est établie au Siam que toutes les offrandes soient faites le même jour. Alors, le peuple entier se porte vers les temples qui s'essaiment à travers le pays et sont si nombreux dans la capitale, qu'on a peine à les compter. Les pagodes royales sont visitées par des délégués du souverain. Le Roi lui-même, entouré de sa cour, se rend processionnellement au wat Cheng, en traversant la Mè Nam.

Pour le spectateur qui se tiendrait au milieu du courant, le coup d'œil est singulier. Il se trouve au sommet d'une des courbes décrites par le fleuve qui, dans cette partie de son cours, serpente et multiplie ses boucles, comme s'il quittait à regret la dernière ville qu'il arrose, avant de se jeter dans le golfe. Sur la rive gauche et derrière la muraille de la Cité, éventrée en maints endroits, les innombrables flèches qui hérissent le toit monumental du palais Chakkri font miroiter au soleil leurs écailles, bleutées et les yot qui les surmontent vont s'effilant en aiguilles, très haut, vers les nuages. A ce jaillissement aigu et turbulent, le wat Pra-Kèo, la pagode deux fois sainte par la possession du Bouddha d'émeraude, oppose la forme plus grave de ses prang habillés de bleu, de rose et d'or. Sur la rive droite, le wat Cheng érige son phallus haut de soixante mètres ; il reflète dans l'eau rapide ses escaliers convergents, ses terrasses superposées et, comme des rejetons groupés autour de l'aïeul,

la famille des prang secondaires qui le flanquent et qui l'élancent. Au loin, le triple toit du wat Kalayat émerge d'un bouquet de figuiers sacrés, dans un ciel toujours obscurci par le vol des corbeaux.

C'est dans ce cadre que se déroule la procession nautique. De l'embarcadère orné de décorations, dont le principal motif est le Chakkra, le disque d'Indra, devenu l'attribut de la dynastie régnante, le Roi est monté dans sa barque. Celle-ci représente une sorte de monstre marin, au ventre rose, aux flancs de laque noire couverte de dorures; vers le centre s'élève un pavillon fermé par des rideaux de brocart, qui permettent seulement d'apercevoir le mouvement de va-et-vient de l'éventail manié à deux mains par un serviteur à genoux; devant le pavillon se plante le parasol blanc à neuf étages, insigne du pouvoir suprême.

L'embarcation est armée par soixante rameurs vêtus de rouge, coiffés de rouge ; la cadence leur est donnée par un chef de nage, porteur d'une longue lance et debout à l'arrière. D'un mouvement égal les soixante hommes rouges plongent leurs rames dans l'eau, élèvent au-dessus de leurs têtes les soixante pales dorées qui, toutes au même niveau, lancent soixante éclairs ; poussent ensemble une clameur « Oôôôôôh — ouan ! » longuement modulée, coupée net par la lance qui s'abaisse ; replongent leurs rames et la marche de l'embarcation se poursuit, rythmée par le double accompagnement du chant et de la lumière. Elle est précédée du bateau qui porte les pakatim, c'est-à-dire les robes destinées aux offrandes. D'autres barques suivent, portant le Prince héritier, les membres de la famille royale, les hauts fonctionnaires de la Cour ; l'une d'elles est chargée de musiciens et les carènes dorées, rouges ou bleues, les proues élancées, les pavillons aux étoffes damassées forment un long cortège, sur lequel le soleil, près de disparaître derrière les frondaisons de la rive droite, jette un peu de sa gloire.

Le Roi a pris pied sur le débarcadère du wat, recouvert d'un tapis blanc que n'ont pas foulé et que ne fouleront pas d'autres pieds que les siens. Pendant qu'il pénètre dans le sanctuaire, pour y déposer les dons et recevoir en échange les admonitions d'usage, les centaines de pirogues rangées le long de la rive se précipitent au milieu du fleuve, et se livrent à des évolutions capricieuses ; des instruments variés emplissent l'air de leur concert discordant.

Comme elle était venue, la procession s'en retourne, dans une lenteur plus solennelle, car elle doit lutter contre le courant. Le jour touche à sa fin. Sur le fleuve assombri, la flottille laisse un sillage clair, qui va s'élargissant loin derrière elle. Et tandis que, peu à peu, les rumeurs de la fête s'apaisent, que le calme du soir prélude au sommeil de la nuit, une silhouette démesurée se dresse, toute seule, au-dessus des autres choses confondues et nivelées par l'ombre : c'est le prang du wat Cheng qui monte sa garde nocturne et, sentinelle avancée, veille sur les abords de la cité royale.

II

Parmi toutes les embarcations spectatrices de la cérémonie, l'une d'elles s'est constamment maintenue au premier rang, approchant le défilé d'aussi près que le permet le respect dû à la personne du souverain, allié à la crainte des licteurs royaux. Et même, la liberté pour le peuple de contempler le cortège est une de ces concessions aux idées modernes, déplorées par Naï Leut : jadis, quand les choses étaient entières, nul n'avait le droit de rester aux alentours de la procession ni de la regarder ; les maisons flottantes proches du parcours devaient, sous des peines sévères, garder leurs portes et leurs fenêtres closes. Aujourd'hui, au contraire, devant la demeure pavoisée s'élève un autel orné de fleurs, de fruits, et des cierges de cire y brûlent devant l'effigie du souverain.

Poh Dèng n'avait cessé de jeter des regards anxieux sur les barques de la suite du Roi. A n'en pas douter, en effet, la femme du Pya Kattorn, qui tient un emploi auprès de la personne de la Reine Mère, devait se trouver dans l'une de ces barques, et, non moins certainement, Mè Ping devait l'accompagner. Car la femme du Pya n'a pu se séparer entièrement de sa petite suivante, qu'elle s'est prise à aimer d'une affection maternelle; elle a obtenu de son époux de la conserver en dehors des heures prises par la danse. Or, Poh Dèng a bien vu la maîtresse; mais il a vainement cherché la suivante. Qu'est-il donc advenu de Mè Ping?

Voilà plusieurs semaines que Poh Dèng se pose cette question. Un jour qu'il était allé prendre des nouvelles de sa petite amie, les serviteurs lui ont répondu en riant:

— Maï iou (Pas là).

— Où est-elle?

— Maï rou (Je ne sais pas).

C'est tout ce qu'il a pu tirer d'eux.

Il est revenu le lendemain: même réponse. Même réponse, les jours suivants. Et finalement les gens du Pya, trouvant sans doute que la plaisanterie avait assez duré, l'ont mis dehors.

Depuis ce temps, Poh Dèng n'est plus le même. Lui, naguère si actif et si joyeux, n'a plus de goût à rien. Ni le jeu du takro, ni les combats de coqs, ni les combats de poissons ne l'intéressent plus: il est absent de lui-même. Naï Leut, qui voit sa peine et ne peut s'empêcher de le plaindre, lui a cité, en guise de conseil, le proverbe sage: « Si quelque épine t'a piqué, sers-toi d'une autre épine pour l'enlever ». Il a donc essayé d'oublier auprès d'autres celle de qui le souvenir est en lui; or, comme tous les mets que l'on prend quand on a la fièvre paraissent amers, ces amours d'un instant ne lui ont laissé que dégoût et rancœur.

Alors il a formé un projet héroïque : enlever Mè Ping. Doucement Naï Leut lui a représenté que, pour enlever une fille, il est nécessaire de savoir où la prendre. Le sût-il, l'exécution du plan n'était pas sans risques :

— Il est écrit dans la Loi : « Si une fille appartenant à un homme de rang supérieur se laisse séduire par un homme d'une classe moindre, elle est une mauvaise fille ; elle et son ravisseur seront punis des peines qui atteignent le voleur ». Or, ta Mè Ping a été vendue par son oncle et tuteur, qui avait le droit de disposer d'elle, au Pya Kattorn, homme de plus de mille raï. Prétendre la lui enlever serait faire comme l'œuf qui voulut lutter contre la pierre et qui s'y brisa.

Telle est la sagesse des propos de Naï Leut, et Poh Dèng est bien forcé de s'y rendre; mais il demeure morose. Les jours lui paraissent longs et les nuits plus longues encore. De même que le sommeil, il a perdu l'appétit et les keng les plus savoureux lui sont aussi fades que les dourians les plus fondants lui sont insipides. Mè Choup, inquiète de le voir dépérir, s'est adressée à un guérisseur des environs. C'est un homme habile, qui possède l'art de vaincre par des charmes, des incantations, des plantes médicinales et autres remèdes les quatre-vingt-six maladies susceptibles d'affecter les trente-deux régions du corps humain, depuis les maladies bénignes jusqu'aux plus graves, celles, notamment, qui résultent d'un sort jeté par un ennemi. Le médecin a commencé par se faire servir un plat de riz, du poisson, quelques fruits, puis ayant tâté et palpé le malade sur toutes les coutures, il a craché sa chique et proféré le discours suivant :

— Les maladies du corps sont dues à deux causes : à des vents ou à la présence d'un esprit malin de la sorte des Mi-Pî ; voilà la vérité. Or, il y a six espèces de vents dans l'intérieur de tout homme, six et pas plus. Tant que ces divers vents soufflent d'accord, tout va bien. Mais si l'un d'eux vient à souffler plus fort que les autres, la maladie arrive ; voilà la vérité.

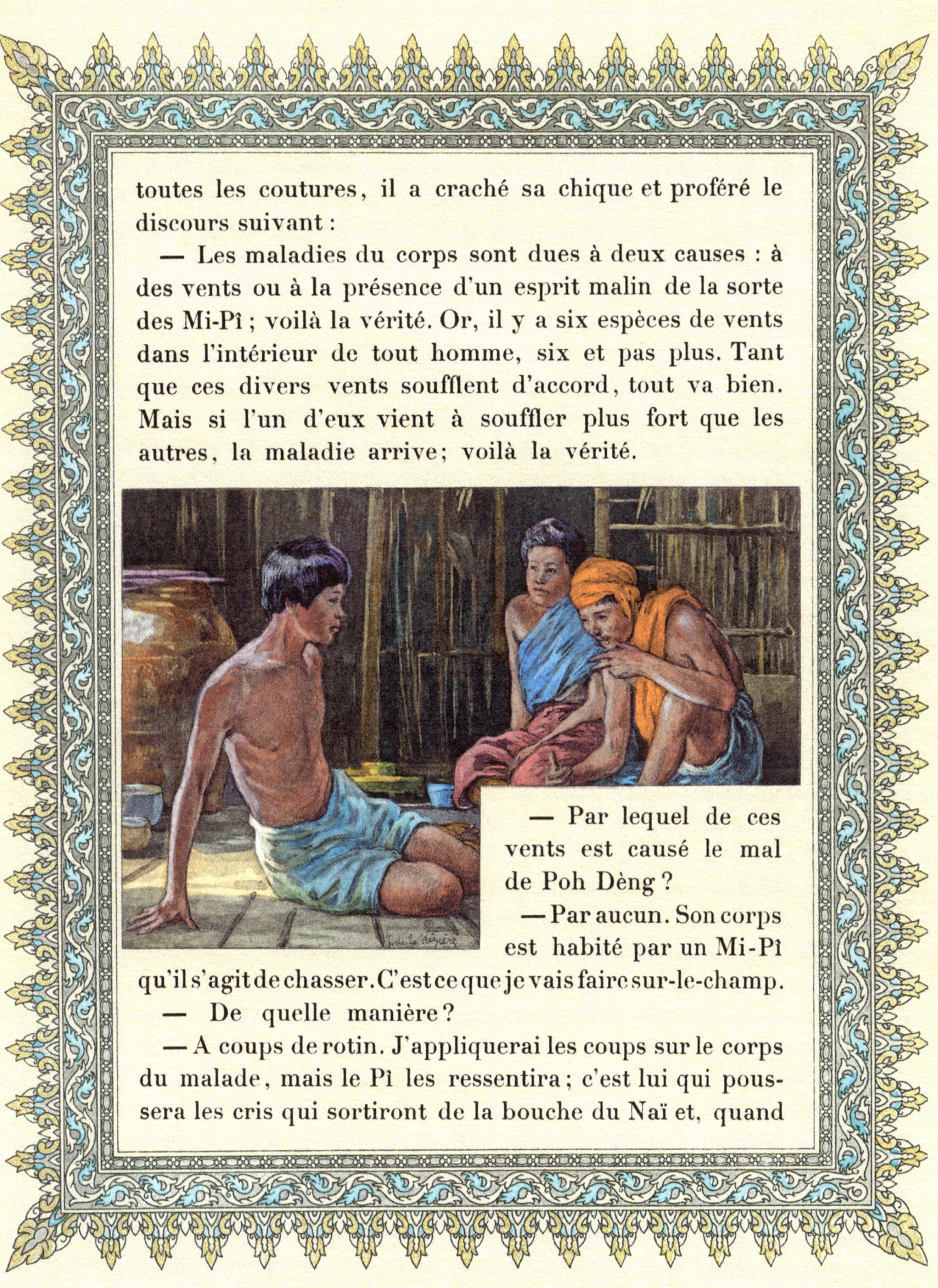

— Par lequel de ces vents est causé le mal de Poh Dèng ?
— Par aucun. Son corps est habité par un Mi-Pî qu'il s'agit de chasser. C'est ce que je vais faire sur-le-champ.
— De quelle manière ?
— A coups de rotin. J'appliquerai les coups sur le corps du malade, mais le Pî les ressentira ; c'est lui qui poussera les cris qui sortiront de la bouche du Naï et, quand

le Pî sera vaincu par la douleur, il faudra bien qu'il déguerpisse. Je vais commencer.

Mais le médecin n'a pas eu, ce jour-là, l'occasion d'appliquer son remède. Pendant la dernière partie de la consultation, Poh Dèng a fait une grimace significative, s'est rapproché de la porte et, tout d'un coup, a disparu. Il est bien vrai qu'un Pî le possède ; il en connaît le nom et sait les souffrance qu'il inflige à ses victimes. Mais il sait aussi qu'à l'encontre de ce Pî, toutes les médications sont vaines, sans en excepter celle du rotin.

III

« *Dans un temple de village il est une fleur rouge.* »

Pour fuir cette obsession, Poh Dèng a déserté la rive droite, dont le calme ne convient plus à l'agitation de ses pensées. Et puis, malgré tout, il n'a pas abandonné l'espoir. Par malheur, il est fort gueux et s'en aperçoit pour la première fois ; or, entreprendre quoi que ce soit sans argent, c'est, dirait Naï Leut, vouloir lever une poutre avec une esquille. Il faut donc qu'il s'en procure à tout prix. C'est pour cela qu'il est venu s'établir sur la rive gauche, près de la grande artère du Tanon Chareun Kroung — la New Road des Farang — qui, hors des murs de la cité, s'allonge jusqu'au faubourg de Bankolem.

Le contraste est grand entre ici et là-bas. Sur le klong, tout n'est que frôlement et glissement léger ; dans la rue, le mouvement devient vacarme et brutalité. Cris enroués des chars publics qui marchent tout seuls ; clameurs, semblables à celles des crapauds-buffles, des voitures sans chevaux ; crépitement du timbre des équipages aux poneys minuscules ou des malabars clos par des volets : telles sont les parties du concert. Seul, au milieu de ce tumulte, demeure silencieuse la bête de somme, le pauvre coolie chinois qui s'en va, vêtu d'une culotte courte de toile brune, le torse nu, la natte roulée en chignon, sous le vaste chapeau à coiffe pointue ; d'un trottinement égal, pendant des heures, il tire le rot chin (le pousse-pousse) dans lequel se prélasse parfois une famille au complet ; il lui faut évoluer au milieu des voitures, se faufiler dans les encombrements, bousculé par les uns, injurié par les autres, heureux s'il n'est pas accroché par un saïs, qui, pour s'excuser, lui cingle les reins d'un coup de fouet. Ou bien il circule, ployant sous le bambou qui a creusé une rainure dans son épaule et porte à ses deux extrémités un fardeau volumineux et menacé sans cesse.

Il n'est pas rare qu'une dispute s'élève et la foule s'amuse de voir une vieille femme, à peine en équilibre sur les moignons qui lui servent de pieds, vomir des imprécations contre l'arrière grand-père de son interlocuteur. Il faut, pour couvrir sa voix, le passage d'un haquet, dans lequel plusieurs douzaines de porcs empilés déchirent l'air de leurs piaillements aigus. Un autre vacarme leur répond : c'est un enterrement chinois qui débouche d'une ruelle ; le défilé des musiciens, des pleureuses, des voitures est précédé d'une série de civières portant, outre les offrandes rituelles et le portrait du défunt, le cochon laqué, superbe et rutilant, qui fera les frais du repas funéraire.

Poh Dèng aime ce spectacle, qui occupe son esprit. Il flâne volontiers aussi dans le quartier du Sampeng, où les anciens amis de son père le connaissent et l'accueillent. La rue du Sampeng est une venelle étroite et tortueuse qui serpente près des bords du fleuve, en enjambant plusieurs klong vaseux et empuantis, sur des ponts couverts. Elle est bordée d'échoppes basses, que des haillons multicolores accrochés à l'auvent ou tendus entre deux toits défendent contre l'intrusion du soleil. Par ci, par là, un magasin de joaillier ou d'apothicaire, avec son enseigne couverte de caractères d'or, avec ses panneaux en bois de camphrier travaillés comme de la dentelle, fait penser à quelque riche mandarin au milieu d'une foule de miséreux. Mais partout des parfums de friture et de graisse brûlée, des exhalaisons de pourriture, des relents innommables stagnent dans l'atmosphère épaisse : cela sent le Chinois.

La plupart des échoppes qui bordent la rue du Sampeng sont les magasins de vente des monts-de-piété semblables à celui que tenait feu Fouk-Long. Le disparate des étalages est curieux. On y trouve de tout : des vieilles ferrailles et des vêtements hors d'usage, des armes et des bijoux; sur des rayons s'étagent les panoung tissés à Chantaboun, les broderies pékinoises, les écharpes cambodgiennes de soie noire et jusqu'aux étoffes teintes par les sauvages des îles Mergui. Dans une vitrine, des pièces d'argenterie ciselées en Birmanie ou repoussées au Laos voisinent avec des jades ou avec des ivoires sculptés. Une urne funéraire se juche sur une boîte en argent ajourée et fouillée, dont les feuillages sont un miracle de finesse et de patience. Un fragment de poterie de Sawankalok se hérisse à côté d'un réveille-matin hors d'usage; de vieux ticaux, formés de lingots d'argent gisent épars au fond d'une coupe en faux Satsouma, tandis que le roi Maha Mongkout, dans un cadre dédoré, fait face à l'image sainte du Pra Puttha Chao.

De semblables étalages se comptent par douzaines dans Bangkok; c'est à croire que tous les habitants de la capitale n'achètent que pour revendre. L'explication du phénomène est pourtant simple : comme les poissons pilotes signalent la présence du requin, les monts-de-piété annoncent le voisinage de la salle de jeu.

C'est dans l'une de ces salles qu'il nous faut pénétrer,

pour retrouver Poh Dèng, la nuit venue. Nous voici dans un local de vastes dimensions, dont les murailles et les charpentes se perdent dans l'ombre, épargnant à l'œil la vue des lézardes et des encoignures tendues de toiles d'araignées. Une douzaine de lampes à pétrole, pendant du comble, projettent des lueurs violentes sur autant de groupes épars. Chacun de ces groupes est un échantillon complet des races agglomérées à Bangkok et reconnaissables au type, à l'attitude, au vêtement. Siamois minces assis sur le sol et Chinois adipeux accroupis sur leurs talons; Malais portant, au lieu du pa-noung, le sarong bariolé; Hindous au turban monumental et dont les défroques tirebouchonnantes aiment les couleurs tendres; Birmans au torse massif; Annamites fuselés; Laotiens habillés de tatouages bleuâtres; Kariengs parés de boucles d'oreilles, tous, sans distinction d'âge ni de sexe, s'agglomèrent autour de la natte qui porte les enjeux. Quelques mouvements secs du rateau emmanché à un long bambou suffisent au croupier pour payer les joueurs heureux, et pour ramasser l'argent des perdants.

De temps à autre, l'un de ces derniers quitte la natte, les mains vides, sort de la salle, puis s'en revient avec des munitions nouvelles, prêt à recommencer le combat. Il est allé jusqu'au mont-de-piété voisin pour y engager quelque bijou, voire quelque pièce de vêtement. L'un d'eux a bien fait les choses; après s'être dépouillé de tout ce qu'il avait sur lui, il a retiré son pa-noung, dont le marchand s'est emparé, lui remettant en échange quelques pièces de monnaie; le voilà vêtu d'un simple caleçon de

toile. C'est dans cet appareil qu'il retourne s'asseoir autour de la natte, sous la lampe dont la flamme fatiguée lutte contre les premières lueurs de l'aube.

Pauvre Poh Dèng! Le génie du hasard ne lui a pas plus souri que le génie de l'amour.

IV

C'est la deuxième heure du jour — sept heures du matin — et déjà les échoppes des Chinois sont ouvertes, laissant voir des ouvriers, nus jusqu'à la ceinture, tirant l'alène, assemblant les planches d'un cercueil ou courbés sur une machine à coudre, dont le grésillement ne s'interrompra guère jusqu'à l'heure du repas. Des arroseurs publics humectent la chaussée avec les filets d'eau qui giclent de deux baquets perforés, en équilibre aux deux extrémités de l'inévitable rotin : il en résulte que les passants sont arrosés et qu'un peu de poussière est transformée en boue. A travers les rues circulent des robes jaunes, dont la gamme va de l'ocre le plus terreux à l'orange le plus chaud, en passant par les jonquilles, les safrans, les citrons et les ors. Ce sont les bonzes du wat voisin qui, chaque matin, viennent mendier leur nourriture et celle de leurs frères, comme le veut le précepte du Maître. Les uns après les autres, ils s'arrêtent devant chaque demeure, sans rien demander par la voix, se bornant à tendre le sac, dans lequel l'habitant glisse son aumône, fruit, légume ou poisson, tandis que sa femme verse une bolée de riz dans la marmite tenue à deux mains par le moinillon qui marche sur les talons de chaque quêteur. Nul ne songe à esquiver cette dîme, considérée par tous comme une obligation et comme moyen de faire « boun », c'est-à-dire œuvre méritoire, propre à attirer les bienfaits du Ciel.

A cette heure Poh Dèng est sorti de la salle de jeu. Sa mine permet de croire que le produit de la vente du panoung est allé rejoindre le reste de son argent. Il n'est pas seul ; un jeune Chinois l'accompagne, qui n'est guère en plus brillant équipage. Tous deux parlent avec animation, Poh Dèng sur le ton du reproche, son interlocuteur insinuant et persuasif. Ils s'arrêtent de temps à autre et le Chinois, de plus en plus pressant, expose sans doute

un plan à Poh Dèng, qui hausse les épaules, puis indique d'un signe de tête qu'il consent. Alors, ils se séparent en se jetant un «la paï kon!» (au revoir!) énergique dans la bouche de l'un, sans conviction de la part de l'autre.

Quel est le résultat de ce dialogue? Dans l'après-midi du même jour, ils se sont retrouvés, Poh Dèng ayant fait peau neuve. Ils s'embarquent à l'embouchure du klong Talat, traversent la Mè Nam et accostent à l'appontement du wat Kalayat. Le wat Kalayat est une pagode chinoise, reconnaissable à la fantaisie désordonnée de tout ce qui entoure le sanctuaire principal. On y pénètre par une avenue dallée qui passe sous plusieurs portiques à la triple baie; des animaux fantastiques, lions, griffons, dragons, peuplent les cours, qu'encombrent des pagodons ajourés; de l'un d'eux sort une fumée épaisse, accompagnée de crépitements: une poignée de pétards vient d'y être introduite par un fidèle soucieux de faire hommage à la divinité; un coup de gong qui vibre longuement l'avertit que l'hommage est agréé.

Dans l'intérieur du temple rien que du silence et de la nuit. Puis l'œil, s'accoutumant peu à peu à l'obscurité, aperçoit des reflets vagues qui se multiplient, se coordonnent, dessinent des courbes, et bientôt, dépouillant son manteau d'ombre, surgit une statue dont la tête se perd sous le comble, une statue devant laquelle un homme n'est qu'un nain. A ses pieds, un autel est couvert d'offrandes et des baguettes d'encens fument auprès de fleurs en papier. Un suppliant regarde se consumer dans un brasier les restes d'une banderole rouge, couverte de caractères d'or; avec la fumée sa prière monte vers le dieu.

Le compagnon de Poh Dèng se livre à son tour à des rites étranges. Après avoir salué la statue et murmuré quelques paroles, il s'empare d'un cylindre contenant trente-quatre bâtonnets, dont chacun est marqué d'une des trente-quatre lettres de l'alphabet siamois; ayant longuement et bruyamment secoué le récipient, il en extrait au hasard l'un des bâtonnets et regarde la lettre inscrite. Puis, il prend deux morceaux de bambou, plats d'un côté, bombés de l'autre; par trois fois il les jette en l'air et regarde attentivement à chaque coup la position dans laquelle ils ont pris contact avec le sol.

Cependant, Poh Dèng, que l'opération semble intéresser médiocrement, est allé l'attendre au dehors. Pour tuer le temps, il s'est distrait à déchiffrer l'inscription suivante, gravée sur une pancarte :

« *Avertissement pour que tout le monde sache qu'il est*
« *interdit de faire des ordures autour de ce monument.*
« *Si quelqu'un y contrevient, il tombera dans l'enfer. Si,*
« *délivré de l'enfer, il reste dans l'humanité, il aura un*
« *corps pourri et puant comme un excrément. Mais, s'il*
« *est pris sur le fait, on le mettra à la chaîne pour arra-*
« *cher l'herbe autour de ce monument, jusqu'à ce qu'il*
« *n'y ait plus d'herbe, ou le laver jusqu'à ce qu'il soit*
« *propre. Ceci s'applique aux grandes personnes comme*
« *aux enfants* ».

Cette inscription a le don de mettre Poh Dèng en gaieté. Il rit aux éclats et, comme le consulteur d'oracle vient le retrouver :

« Regarde comme tes compatriotes sont propres et de quoi il faut les menacer : d'avoir un corps pourri et puant !

— Tais-toi, œuf de tortue ; j'ai la lettre.
— Laquelle ?
— La lettre Kau.
— Ah ! »

Les deux complices ont quitté le wat Kalayat et retraversé la Mè Nam. Bientôt, ils s'arrêtent à une boutique devant laquelle des lanternes en papier huilé, couvertes de caractères, se balancent au vent. Un Chinois obèse s'y tient derrière une table, sur laquelle le godet, le bâton d'encre et le pinceau classique sont rangés en ligne, près d'une liasse de feuilles de papier de riz teintes en rouge.

« Ah Loun, Tanon Yao-Warat, vingt ticaux, lettre Kau. »

Sur cette indication, le gros Chinois a saisi son pinceau entre deux doigts, a tracé sur une des feuilles de papier rouge le nom et l'adresse donnés, puis, y a inscrit un chiffre et une lettre. Il l'a enfin pliée soigneusement et, contre un billet de vingt ticaux crasseux et déchiré, il a remis la feuille aux deux conspirateurs.

V

La loterie est une institution nationale du Siam. Elle est la sœur du jeu de la natte et partage avec lui les faveurs du populaire. C'est elle qui, chaque jour, fait miroiter devant les yeux du dernier des coolies l'éternel « peut-être » que son imagination a vite fait de transformer en « voilà » ; qui, chaque nuit, accélère le pouls de plus de cent mille individus. Elle assaisonne la vie d'un peuple de ces trois condiments : un peu de rêve, un peu de folie, un peu de ruine.

Comme le jeu de la natte, la loterie fait l'objet d'un monopole concédé à un fermier, qui possède des représentants dans les divers quartiers de la capitale. Ce sont eux qui délivrent les billets aux joueurs. L'opération mystérieuse accomplie par Poh Dèng et par son ami Ah Loun n'était donc autre chose que l'achat d'un billet de loterie. Le gros Chinois était le préposé, auquel Ah Loun a, suivant la règle, donné son nom, son adresse, le montant de sa mise, puis, en guise de numéro, la lettre à laquelle il confiait sa chance. Mais le choix de cette lettre ne pouvait être laissé au hasard : Ah Loun, superstitieux comme tous ses congénères, est allé, sous le regard narquois de Poh Dèng, en demander l'indication à la divinité, par l'intermédiaire des bâtonnets; il a vérifié la réponse fournie, en recourant à la contre-épreuve des deux morceaux de bam-

bou. Par trois fois ceux-ci sont retombés sur le côté choisi : signe certain que la divinité a bien adhéré au pacte par lequel Ah Loun lui promettait des présents, en cas de succès.

Il ne restait plus à nos joueurs que d'attendre le milieu de la nuit, instant où se tire la loterie. Il faut en effet que les opérations préliminaires s'accomplissent. Vers la fin du jour, des contrôleurs se répandent dans la ville ; ils récoltent auprès des préposés les doubles des billets délivrés, en même temps que les sommes perçues et la moisson ainsi faite est portée dans les bureaux du fermier.

Longtemps avant l'heure dite, la foule des joueurs assiège le local où se fera le tirage. Foule mélangée s'il en fût, dans laquelle des personnes honorables coudoient sans vergogne des « fils du vent », entendez par là des gens de rien. Le souper attend tout ce monde à la porte, avec les cuisines ambulantes des Chinois. Sous la lueur des lanternes, ils installent leurs fourneaux, font cuire les légumes, rissoler les fritures ; avec des gestes de prestidigitateurs, ils mélangent, triturent, saupoudrent et servent la douzaine d'ingrédients que le client fait disparaître au bout de deux baguettes de bois, avec non moins de prestesse et d'agilité.

Dans l'intérieur de la salle, le public attend. Une heure s'écoule, deux heures, quelquefois trois, quelquefois plus. Aucune marque d'impatience ; pas la moindre protestation. On cause, on chique, on rit. Enfin, le silence se fait ; la proclamation de la lettre gagnante est proche.

— Quelle lettre ? La lettre...

Ah Loun, arrivé à la dernière minute, tout essoufflé, après avoir vainement attendu Poh Dèng au rendez-vous donné, s'informe anxieusement auprès de ses voisins. A l'instant même, une voix sonore se fait entendre, jetant à la foule une seule syllabe, dont la consonnance apporte à quelques-uns la joie longtemps attendue, aux autres une déception nouvelle.

De crainte d'une erreur, Ah Loun se fait répéter la syllabe par un voisin. Son oreille ne l'a pas trompé. Ce n'est pas en vain qu'il a consulté l'oracle. Bienheureuse lettre « kau », lettre de chance et de prospérité, plus belle que le caractère du bonheur, tracé par un pinceau savant, ou que celui de la longévité. Elle danse devant ses yeux dans un flamboiement d'or. Comme sa courbe est élégante et gracieuse! Elle renferme vingt-neuf fois vingt ticaux, somme que les deux amis ont pu réunir en se cotisant. Près de six cents ticaux! Voilà qui, mieux que la butte en terre élevée près du wat Saket, mérite le nom de Pukao-Tong : la colline d'or! Et quels horizons du haut de cette colline! Ah Loun entrevoit une perspective indéfinie de réjouissances, de bombances, des troupeaux de cochons laqués, des flottilles d'ailerons de requins, des buissons de nids d'hirondelles et lui-même circulant autour des convives dans une robe de soie. Quant à Poh Dèng, n'a-t-il pas en mains la clef qui ouvre toutes les portes, la recette qui fait parler les muets? Il saura ce qu'il avait à cœur de connaître. Il retrouvera l'objet de ses vœux, et tous deux, réunis enfin comme dans les contes écrits par les lettrés, seront heureux pour le reste de leur vie.

Ainsi en a décidé Ah Loun qui, un peu grisé, se met en quête de Poh Dèng pour lui dire la bonne nouvelle.

VI

Ah Loun ne trouvera pas plus son ami dans les endroits divers où il le cherche, qu'il ne l'a rencontré au lieu du rendez-vous. Poh Dèng est retourné dans la maison du klong Sân auprès de Mè Choup et de Naï Leut, parce qu'il n'a plus rien à faire loin d'eux; il est retourné vers le coin où s'est écoulée son enfance, parce que, étant malheureux, il s'est senti redevenir enfant.

Ce qu'il avait en vain demandé à tous, le bavardage d'une vieille femme le lui a révélé par hasard. La nouvelle lui est arrivée comme un coup de poing en pleine poitrine : si, depuis plusieurs mois, Mè Ping n'est plus sous le toit du Pya Kattorn, c'est qu'elle habite maintenant dans le palais royal.

Comme on appuie sur une blessure douloureuse pour exacerber la souffrance, Poh Dèng a voulu connaître les détails de l'événement, savoir dans quelles conditions s'est effectué ce changement imprévu. Peu à peu il a démêlé l'écheveau de la vérité. Un des principaux personnages de la Cour, le Grand Maître des Cérémonies, assistant à une réception donnée par le Pya Kattorn, vit danser Mè Ping. La beauté de la petite ballerine, non moins que sa grâce l'impressionnèrent, si bien qu'il résolut de la faire enrôler dans la troupe royale. Il s'ou-

vrit de son projet au Pya, qui reçut la proposition avec un vif déplaisir et avec un sourire ravi. Et c'est ainsi qu'il eut le très grand honneur de perdre sa danseuse préférée.

La femme du Pya Kattorn fut, paraît-il, inconsolable du départ de sa petite suivante, qu'elle combla de dons. Celle-ci ne montra qu'un désespoir modéré, sans doute pour ne pas attrister plus encore son ancienne maîtresse.

Maintenant donc, tout est fini pour Poh Dèng : jusqu'à ce jour, il pouvait espérer ; désormais tout espoir serait vain. Mè Ping n'est plus une femme sur laquelle il puisse jamais jeter les yeux. Elle habite ce palais où toute chose est inviolable et sacrée. Le pouvoir des hommes, l'effet même des lois expirent à ces murailles crénelées, où rien ne relève que de l'autorité souveraine. La personne de

Mè Ping est intangible et toute tentative à son égard deviendrait sacrilège. La témérité d'hier serait aujourd'hui de la démence.

Et pourtant cette démence, Poh Dèng y a songé. Il a franchi la première enceinte du palais, à l'intérieur de laquelle peut circuler librement toute personne ayant affaire aux différents services publics rassemblés en cet endroit. En cherchant son chemin, il a contemplé dans leurs écuries les éléphants blancs, dont la couleur est rose par la vertu d'une maladie de peau. Il a circulé dans la petite ville, blottie tout au long de la muraille du Nord, avec son monde de fonctionnaires, d'employés, de femmes et d'enfants. Il s'est même perdu dans un magasin encombré de palanquins, de dais, d'éventails et autres accessoires de la fonction royale. Le pauvre garçon croyait pouvoir approcher des appartements des concubines et des danseuses et, qui sait ! voir... savoir.... Un simple coup d'œil aux bâtiments royaux lui a montré quelle était sa simplicité.

Il est revenu chez lui, plus abattu que jamais. Naï Leut et Mè Choup sont désolés. Ils voient leur enfant malheureux et ne peuvent rien pour lui. Contre le chagrin de Poh Dèng les consolations sentencieuses de l'aïeul s'émoussent, comme l'acier sur le cuir du buffle. Il ne se tient cependant pas pour battu et chaque jour ramène entre le consolateur et l'inconsolé des dialogues alternés de doléances et d'aphorismes, dans le genre de celui-ci :

— Je n'ai rien fait de mal pour mériter de souffrir ainsi ; je n'ai frappé injustement personne ni avec le sabre, ni avec la lance, ni avec le poignard, ni avec le poing fermé ; je n'ai volé ni une pirogue, ni une femme, ni de l'argent ; je n'ai……

— Qu'importe ! Ce sont les plus beaux d'entre les bambous qu'on voit percés par les écureuils.

— J'ai pu croire qu'elle m'aimait. Et puis, elle a disparu sans rien me faire dire.

— Le cœur de la femme est mobile comme une goutte de rosée sur une feuille de lotus.

— C'est une mauvaise fille, une fleur d'or, une…

— Tais-toi ! il ne faut pas souiller l'ombre de l'arbre qui fut hospitalière.

— Je sens que j'en mourrai !

— Le mahout meurt de l'éléphant ; le charmeur de serpents meurt de la dent du serpent ; celui qui s'attache à la femme sait à quel sort il s'expose.

Cependant, et contrairement à toutes les prévisions, la blessure dont souffre Poh Dèng ne se referme pas. De plus en plus, il devient indifférent à tout ce qui l'entoure. Pendant le jour, il erre le long du klong Talat, proche du palais royal, ou bien il reste chez lui pendant des heures entières, immobile et l'œil vague ; quand on lui parle, il semble qu'on l'éveille. S'il sort le soir, c'est pour rentrer fort avant dans la nuit ou même aux premières lueurs du jour. Sa chair fond peu à peu et sa respiration devient sifflante. Mè Choup ne peut se tromper à ces symptômes : pendant trop longtemps, elle eut le loisir de les observer chez Fouk Long, dont elle a suivi le dessèchement sur pied. Mais Mè Choup n'est pas d'humeur à se lamenter comme une vieille femme. La drogue qui lui a ravi son mari ne lui prendra pas son fils. Elle saura le défendre contre lui-même et le sauver.

Il faut avant tout éloigner Poh Dèng de Bangkok et le soustraire aux fréquentations mauvaises. Il faut y substituer l'influence d'un homme qui saura soigner son esprit. Or, une partie de la famille de Naï Leut habite la ville de Petchaburi; un de ses demi-frères, issu d'un troisième mariage de feu son père, y porte la robe jaune avec la dignité de chef d'un wat. Le Pra Suttat est un prêtre éminent par son expérience, par sa science et sa vertu. On accourt de loin pour prendre ses conseils, dont la sagesse permet de croire à la venue sur terre du nouveau Bouddha. Voilà le médecin auquel il faut conduire le malade.

Poh Dèng ne se soucie guère de partir. Tout effort lui répugne et tout mouvement lui pèse; il proteste donc contre le déplacement en perspective. Mais, comme il n'a plus de volonté, il est incapable de résister à la volonté des autres. Aussi, de guerre lasse, se laisse-t-il emmener à Petchaburi.

IV
PETCHABURI

PETCHABURI

I

AUTREFOIS, pour gagner le nord de la péninsule malaise, dont Petchaburi est un des groupements principaux, il fallait ou bien descendre la Mè Nam, traverser le golfe et remonter la rivière, ou bien errer pendant plusieurs jours à travers le dédale des canaux. Poh Dèng n'eut pas à faire un aussi long voyage. En dépit de Naï Leut, la maisonnée du klong Sân avait pris place dans la voiture de feu qui, en quelques heures, porte plusieurs centaines de personnes droit au but.

Depuis la veille, il faisait froid et c'était là un événement considérable. Le mois de Thanwakhom (décembre) était venu. Pour quelques semaines, les rayons du soleil avaient perdu leur chaleur et Bangkok s'occupait à grelotter. Aussi, dans les voitures non closes où tous, hommes, femmes, bonzes, enfants, étaient entassés pêle-mêle avec les animaux domestiques, les provisions, les hardes et les ustensiles, voyait-on des accoutrements étranges : les torses se drapaient dans des cotonnades multicolores ; des écharpes entouraient les cous, et les têtes disparaissaient sous des turbans, faits de tous les linges de la maison. Les membres d'une même famille se serraient les uns contre les autres ou même faisaient cercle autour d'un réchaud. Et comme le froid est au nombre des curiosités, tout le monde riait.

Poh Dèng, qui n'avait jamais quitté Bangkok, regardait les choses fuir devant ses yeux, si vite qu'à peine il avait le temps de les distinguer. Des deux côtés de la voie, le pays était inondé, et l'on ne savait plus au juste où finissait le sol, où commençait le domaine des eaux. La plaine formait un vaste marécage, duquel émergeaient des têtes de buffles, enlisés dans la vase. Les digues étant submergées, villages et maisons isolées formaient sur leurs pilotis autant d'îles ou d'îlots, où l'on accostait en sampan. Et l'on voyait des voiles gonflées par la brise naviguer au milieu des arbres.

Puis, à mesure qu'il s'éloignait vers l'ouest, Poh Dèng s'étonnait du paysage nouveau. Au limon de la vallée de la Mè Nam, qui mérite à peine le nom de terre ferme, succédait peu à peu un sol résistant où la pierre apparaissait. Son regard, habitué à la platitude et à la monotonie, s'égayait malgré lui des aspects variés du terrain : ici des rizières étagées en gradins pour mieux profiter de l'eau du ciel; là, un mamelon boisé; par endroits, une croupe rocheuse surgissait brusquement, et Naï Leut, expert en toutes choses, expliquait : ce soulèvement inopiné résultait d'un tremblement de terre produit par le poisson géant qui nage dans le vaste océan souterrain. Cette explication indifférait à Poh Dèng, qui regardait avec une surprise agréable la ligne des collines bleuir à l'horizon.

Vraiment, le voyage l'intéressait. A chaque arrêt, des gens criaient le nom d'une ville ou d'un village et les marchands se pressaient pour vendre aux voyageurs de l'eau qui pétille, des bananes, des pamplemousses et des gâteaux de riz. Des coolies se disputaient les bagages et s'enfuyaient aussitôt qu'ils s'étaient emparés d'un coffre ou d'un panier. Ayant avisé un groupe de pauvres hères qui se tenaient immobiles et silencieux, sans rien acheter du tout, il les questionna et sut qu'ils revenaient de la salle de jeu, allégés de leurs économies d'une année. Cet aveu lui rappela le dénouement de son association momentanée avec Ah Loun : le Chinois l'avait fort honnêtement averti du succès de l'entreprise. Mais à l'heure du partage, il n'avait pu réunir que deux ticaux, trois saloungs et un fuang; le reste avait, en une nuit, fondu sur la natte. Pourquoi donc Ah Loun n'avait-il pas demandé à son dieu, en même temps que le moyen d'acquérir, la recette pour conserver?

Arrivé au terme du parcours, Poh Dèng ne put s'empêcher d'admirer. Au milieu des champs s'élançaient de grands palmiers à sucre, tels qu'il n'en avait pas vus à Bangkok; leurs troncs démesurés jaillissaient de terre en décrivant une courbe, pour se redresser vers la cime. Suivant les endroits, ils s'essaimaient par groupes, en se penchant les uns vers les autres, comme pour s'étreindre, ou bien ils s'isolaient, et ces solitaires étaient les plus robustes et les plus beaux. Une colline proche dessinait en plein ciel son profil capricieux, où les toitures d'un palais et les flèches d'un temple dépassaient les frondaisons. Elle se dressait comme un écran qui masquait le soleil, déjà vers la fin de sa course. Mais il réapparut subitement dans une trouée du feuillage, silhouettant de clair les masses de verdure, filtrant au travers des arbres des rayons multicolores et frémissants, illuminant d'un long reflet la plaine qu'il venait de quitter. Puis, il disparut

derrière la colline et, sans transition, celle-ci ne fut plus, par delà le rideau des palmiers, qu'une masse bleuâtre, dont la base flottait dans une vapeur rose, tandis que la crête se découpait brutalement sur un ciel argenté. Et comme les crépuscules sont courts sous les tropiques, ce fut bientôt la nuit.

II

Dans les premiers temps de son séjour, Poh Dèng s'était trouvé quelque peu solitaire et dépaysé. Les parents de Naï Leut étaient momentanément absents, voyageant sur les canaux du Nord. Le Pra Suttat venait de partir pour passer sous la tente une partie de la saison sèche, pendant laquelle le moine doit mener, au sein de la nature, l'existence qui fut celle du Maître, méditant et jeûnant. Privé de tout compagnon, Poh Dèng avait donc ressenti davantage la différence entre la vie de la capitale et celle d'une ville de province, fût-elle le chef-lieu du Monthon, comme Petchaburi. Plus de sampeng, plus de salles de jeu, plus de distractions de toutes sortes. Il se voyait dans un village, avenant il est vrai, assis dans un site riant, au coude d'une rivière ombragée de massifs de bambous, mais dont l'unique rue était bordée de huttes basses; les logis des Chinois se reconnaissaient aux papiers rouges (le rouge est pour eux la couleur de la joie) recouverts de caractères tracés au pinceau, qui décoraient les charpentes intérieures et mettaient dans l'ombre comme un reflet de sang. Il avait été frappé de la propreté inaccoutumée du sol, balayé matin et soir par des corvées de prisonniers, dont il entendait cliqueter les chaînes. A son étonnement, ces prisonniers travaillaient sans être gardés, de façon fort peu exténuante, et, le soir, il les voyait se baigner gaiement dans la rivière. Ils fraternisaient avec les habitants, se mêlant aux groupes, riant et fumant les cigarettes qu'on leur donnait.

La campagne environnante offrait à Poh Dèng des scènes également inconnues. Sur les nombreuses pistes qui sillonnent le pays, il croisait des charrettes à buffles, dont les roues très hautes, démesurément écartées, portaient un coffre étroit, en forme de V, surmonté d'une cahute pendant la saison des pluies. Le lourd véhicule s'en allait lentement, secoué par les ornières comme une pirogue sur les rapides; et, nulle pièce de fer n'entrant

dans sa construction, l'on entendait, longtemps encore après qu'on avait perdu l'équipage de vue, le grincement plaintif du bois contre le bois.

Il lui arrivait aussi de rencontrer une famille entière, dont les membres se suivaient à la file en observant l'ordre hiérarchique, le père en tête, le dernier né fermant la marche; chacun d'eux portait les provisions achetées au marché : le poisson tenu par une fibre de rotin, ou le riz empaqueté dans une feuille de bananier. C'était encore un voyageur qui allait vers d'autres régions, le bâton à la main, le couteau de jungle à la ceinture, ayant pour tout bagage un pa-noung de rechange noué dans une toile; visiblement le souci du lendemain ne l'occupait pas; il marchait en chantant, comme un homme certain de satisfaire sa faim à peu de frais; de se désaltérer, en passant près d'un wat, à la jarre de terre que les bonzes emplissent chaque matin; de trouver l'abri et le repos sous l'une des nombreuses sâlas qui jalonnent la route, à l'ombre d'un manguier ou d'un banyan. Il avait, pour conduire ses pas, la sente au sol meuble et cendré, et, pour distraire son regard, le peuple aérien de la forêt : les perruches perchées sur la cime des bambous, les pigeons verts aux reflets changeants et les oiselets multicolores dont le vol est lumineux. Des essaims de grands papillons bleus escortaient sa marche, voltigeaient autour de sa tête, semblables à des fleurs ailées.

Plus que par tout le reste, Poh Dèng avait été frappé d'étonnement et d'admiration, en visitant les grottes sacrées qui se creusent au flanc d'une colline située dans

la direction du levant. Les abords en sont si aimables, qu'ils semblent inviter le passant. La route, égayée du va et vient de pèlerins nombreux, passe au milieu des palmiers, longe un rocher solitaire ceinturé de verdure et couronné d'une pagode ; elle effleure une bonzerie de femmes vêtues de blanc (il en est de vieilles, quasi trépassées, mais il en est aussi de jeunes aux yeux de lotus bleus) et monte, au travers d'une gorge minuscule, vers un val tapissé d'une herbe drue, encombré de rocs épars, couronné de hauteurs boisées ; un val si retiré, si tranquille, qu'on s'y croit bien loin des demeures des hommes. Au fond du val, un escalier mène à l'entrée des grottes.

L'on descend dans la première d'entre elles par des degrés qui serpentent dans le roc, ajouré de telle sorte que les colonnes naturelles supportant la voûte semblent un lacis de lianes. Et bientôt l'œil, s'habituant au demi-jour, distingue d'étranges personnages au corps exsangue, verdâtre ou violacé, aux membres tordus, dont les visages grimaçants ont des rictus effroyables : ce sont les damnés peuplant les huit régions de l'enfer, que le caprice d'un statuaire a sculptés et peints à même le roc. Plus bas, un singe, entièrement détaché, tend la main au visiteur.

Etant arrivé dans la grotte vers le milieu du jour et s'étant retourné brusquement, Poh Dèng demeura ébloui ; de l'orifice d'entrée, un éventail lumineux descendait jusque sur le sol, se coulant au long des degrés, dont il dessinait l'arête, coupant brutalement les colonnes dressées à l'arrière-plan, se brisant aux mille facettes du rocher, qui renvoyaient autant de fragments irisés. La féerie fut brève. A mesure que l'heure s'avançait, l'éventail se replia, jusqu'à ne plus former qu'une bande de

plus en plus étroite, qui peu à peu rétrograda, remonta les marches en bondissant, puis, dans un glissement de fantôme, disparut tout d'un coup, ne laissant qu'un jour terne épars sur une paroi grisâtre. Alors Poh Dèng s'aperçut qu'il était dans un temple; trois édicules se détachaient en blanc crû le long de la muraille opposée à l'entrée; sur la troisième face, blotti dans une immense niche naturelle, un Bouddha colossal rutilait dans la pénombre; le manteau qui drapait son torse était d'un rouge vif; tout le reste de la statue était habillé de feuilles d'or, témoignage de la piété des fidèles. Elle était flanquée de deux personnages aux mains jointes, de proportions moindres, qui figuraient des adorateurs, tandis que tout un peuple de petits Bouddhas s'alignaient en arrière-plan, mi-perdus dans l'obscurité. Des gens venaient, se prosternaient par trois fois, face contre terre, puis, s'asseyant sur le dallage rouge, demeuraient pendant longtemps, aussi immobiles que les statues aux paupières baissées.

III

La vue de tant de nouveautés avait distrait Poh Dèng. Il s'en serait bien trouvé, sans un événement familial qui vint raviver ses souvenirs et ses regrets. Un de ses parents, ayant atteint l'âge de seize ans, s'avisa de se marier, et, comme il était le fils du Kamnan (du chef de la localité) tout se passa avec la solennité de la vieille coutume. Pour faire honneur à Poh Dèng, on lui donna le premier rôle dans les négociations et les cérémonies propres au mariage solennel, celui qui confère à l'épousée la qualité de Mia-luang, de première femme, ayant autorité sur les Mia-noï, les petites épouses, pour lesquelles le lien conjugal résulte de la simple cohabitation.

Il fut donc dépêché tout d'abord en ambassadeur auprès des parents de la jeune fille, afin d'obtenir leur consentement. Il portait les présents d'usage : trois bols remplis de feuilles de bétel et de noix d'arec, qu'il présenta de la main droite, le poignet étant enserré par la main gauche. Ce geste, aujourd'hui de pure courtoisie, signifiait autrefois que le gratifié n'avait à redouter aucune traîtrise de la part du donateur.

Assis sur une fine natte de Chantaboun, les négociateurs parlèrent longuement de choses inintéressantes : d'un vol de buffles commis dans les environs ; du palais royal en construction ; de la voiture de feu qui doit un jour atteindre l'autre rivage de la péninsule. Par une transition habile, Poh Dèng en vint à faire l'éloge de la famille de son hôte ; il rappela qu'un des ascendants paternels avait trouvé une mort glorieuse en combattant une bande de brigands ; qu'un aïeul maternel s'était illustré par la capture d'un éléphant blanc, devenu pensionnaire des écuries du Roi.

— Di ! di ! (C'est bien ! c'est bien !)

Et les parents, se regardant du coin de l'œil, secouaient la tête de haut en bas, d'un air approbateur.

Encouragé par cette bienveillance, l'orateur vanta le charme des quatorze printemps de leur fille, et rapprochant ses vertus des qualités nombreuses du prétendant Naï Tom, il déclara pour conclure que les unes et les autres, semblablement à la fleur et au fruit portés par le même arbre, étaient destinées à faire la parure et la prospérité de la même maison.

— Di ! di !

Cette comparaison parut ravir la mère. Le père demanda à Poh Dèng si maintenant la fleur et le fruit fraternisaient sur le même arbre, au lieu de s'y succéder, comme de son temps. Mais il n'insista pas sur ce détail et s'enquit des circonstances de nature à fixer sa décision, notamment de l'année de la naissance du prétendant. Ce point était essentiel, car il crée des incompatibilités. Comment songer en effet à donner une fille née dans l'année du Rat, à un garçon venu au monde dans l'année du Chien? Ce serait vouer leur vie conjugale au malheur certain. Mais les réponses furent satisfaisantes, et l'acceptation des présents indiqua que l'amoureux pouvait présenter lui-même sa requête.

C'est ce qu'il fit le lendemain, porteur de nouveaux cadeaux, dont l'agrément équivalait à une promesse de mariage. Aussi fut-il admis à remettre à sa fiancée, comme premier gage de son amour, des bijoux d'or et d'argent exécutés par les plus habiles d'entre les orfèvres birmans. La jeune fille les reçut en baissant les yeux, ce qui lui permit de les mieux regarder. Puis, d'un commun accord, l'on fixa la date de la cérémonie à la prochaine lune. Le temps intermédiaire fut occupé par le fiancé à construire, aidé de ses amis, la demeure qui devait abriter ses amours.

Dans la matinée du jour dit, après la remise de nouveaux présents, les rites religieux du Takbat furent célébrés par le Pra Suttat, appelé en sa double qualité de prêtre et de parent. Jusque là, Poh Dèng s'était trouvé confondu avec les autres membres de la famille et avec les invités. Son rôle actif reprit dans la journée, lorsqu'il s'agit d'assister le fiancé dans le simulacre de rapt de sa future compagne. A cet effet, Naï Tom se mit en route, escorté de deux amis, ayant Poh Dèng à leur tête. Arrivé devant le domicile des parents, le groupe trouva la porte barrée par une chaîne, derrière laquelle les proches de la jeune fille se tenaient debout. Quelques pièces d'argent données au gardien de la chaîne firent tomber l'obstacle et ce geste symbolique contenait un enseignement profitable.

Quand tout le monde eût pénétré dans la maison, quand les prêtres eurent psalmodié de nouvelles prières, les deux plus âgés d'entre les ascendants entourèrent la tête des jeunes gens d'un même fil, figurant le lien qui les unissait désormais. Puis, ils répandirent sur leurs fronts l'eau nuptiale et toutes les personnes présentes en firent de même.

Pendant le repas qui suivit et dans lequel il eut, parmi les hommes qui entouraient l'époux, une des places d'honneur, en face de la porte, Poh Dèng demeura taciturne. La vue de l'épousée, parée et couverte d'ornements, lui avait rappelé une autre femme, à laquelle des rites semblables auraient dû l'unir. Des temps révolus lui redevenaient présents; des choses effacées surgissaient devant

ses yeux avec une netteté singulière. Il lui semblait que des griffes acérées fouillaient sa poitrine et lui égratignaient le cœur.

Il ne dut pas moins accomplir le dernier acte du cérémonial, qui consista, l'heure fixée par les prêtres étant venue, à conduire l'époux jusqu'à la maison nouvelle, pendant que l'épouse s'y rendait de son côté, au milieu des siens. Il les vit entrer tous les deux dans la demeure qu'il avait aidé à construire et refermer la porte qu'il avait mise en place de ses propres mains.

Comme il s'en retournait, il tressaillit et s'arrêta court. Une voix, une voix de femme, venait de fredonner dans l'ombre les premiers mots de la chanson inoubliée :

« *Dans un temple de village il est une fleur rouge* ».

Il fut sur le point de s'élancer, mais la voix se tut subitement ; un rire clair monta vers les étoiles. Alors il s'appuya contre un arbre et, comme un enfant, il pleura.

IV

Deux hommes cheminent au clair de lune sur la route qui mène à la colline. Le plus âgé porte la robe jaune ; la lumière bleutée joue sur son crâne poli. Sa main s'appuie sur l'épaule de son compagnon et les deux hommes conversent entre eux :

« Non, Koun, rien ne peut guérir mon mal. Avant lui, j'avais la jeunesse, j'avais la santé, j'avais le bonheur En la perdant, j'ai perdu tous ces biens.

— Tu n'es qu'un enfant ignare et stupide. Veux-tu savoir ce que tu as perdu et connaître ce que tu peux trouver ? Écoute.

Autrefois, dans les âges éloignés du nôtre, au pied des monts Himawalaï, se dressait la cité de Kapilavattou. C'était une ville forte et grandement peuplée. Dans ses rues, les chars se croisaient avec les éléphants ; le montagnard en armes s'y rencontrait avec le paisible habitant des plaines. Telle était la capitale des Sakyas, des seigneurs pleins d'orgueil.

C'est dans leur palais que vivait le fils de Maya. Sithatha était son nom. Il avait appris les jeux de la chasse et ceux de la guerre; il croyait que le monde est sorti du sein de Brahma. Les hommes le craignaient parce qu'il était fort, et, parce qu'il était beau, les femmes l'aimaient. Entre cent vierges, il avait choisi la plus parfaite : auprès d'elle et du fils qu'elle lui avait donné, sa vie était une étoffe tissée d'amour et de bonheur. »

Le clair de lune baigne les deux hommes qui s'en vont lentement. La route est comme un fleuve de lait qui coulerait entre deux murailles d'ombre. Les grands palmiers entrechoquent leurs palmes. Des rayons de nacre filtrent à travers la dentelle des bambous, et, quand le feuillage s'agite, ils dansent sur le sol.

La voix du conteur s'élève de nouveau :

« Un matin, le Prince quitta la ville par la porte de l'Orient, escorté de ses serviteurs. C'était l'aube; une buée légère flottait, comme un voile diaphane, sur les campagnes grises. Soudain l'archer céleste, apparaissant à l'horizon, cribla le ciel pâle de ses flèches vermeilles. Voyant cela, le Sakya s'écria :

« O Soleil, fils chéri de l'Aurore, toi qui fis mourir ta
« mère, comme la mienne est morte en me donnant le
« jour, je te reconnais pour mon frère et je sens couler en
« moi ta jeunesse éternelle ! »

Alors, au détour de la route, allant aux rizières, un vieillard parut. Sa barbe était blanche et blanche était sa robe, de la poussière du sol. Une besace pendait de son épaule ; il s'appuyait péniblement sur un bâton. Parvenu près du jeune homme, il le salua de ces mots :

« Un jour d'autrefois, j'ai contemplé mon image dans les
« eaux chantantes du fleuve Rapti ; j'ai vu que j'étais jeune
« et j'ai souri d'orgueil. Une ride a passé ; tout a disparu.
« Voilà ta jeunesse : un reflet trompeur sur une eau qui fuit. »

Le vieillard s'éloigna. Et, pensif, le jeune homme, détournant son char, s'en fut vers sa demeure. »

Ils sont parvenus au pied de la colline. L'ombre y est profonde ; tous les bruits coutumiers dorment alentour. Seule, la voix des crapauds-buffles crisse dans le lointain. Une sâla occupe le bord d'un petit étang. Celui qui parlait s'y repose un instant, sans interrompre son récit.

« Le lendemain, le fils de Maya, porté sur sa litière sortait des murs de Kapilavattou par la porte du Nord. Loin devant lui, les cimes neigeuses étincelaient sur le ciel noir. C'était dans la chaleur du jour ; mais le vent lui portait la fraîcheur des sommets. Sentant sa poitrine se dilater, il s'écria :

« Gloire à Brahma, qui m'a donné la force et la
« beauté ! Grâce à lui, mon sort est enviable. Nul d'entre
« les Kchatryas n'a le bras plus robuste ni le pied plus
« agile. Mes ennemis fuient à ma vue et Mâra le Malin
« n'oserait franchir le seuil de mon palais. »

Alors, sur la route venant de la montagne, il vit un paria. Des haillons s'enroulaient autour de ses membres tordus, mangés par la lèpre et couverts de plaies. Il ouvrit une bouche édentée et proféra :

« Je connais un fruit mûrissant ; certes, il est superbe
« à voir, mais un ver immonde l'habite. Comme le ver
« est dans le fruit, le mal et la hideur sont en toi.

« La brise légère soufflait tout à l'heure : dis-moi ce
« qu'elle est devenue.
« Ta force, ta santé,
« c'est la brise qui
« passe ».

Le Paria poursuivit sa route; le Prince

remonta dans sa litière et, sans mot dire, fit signe à ses
porteurs de retourner vers les remparts. »

V

Les deux promeneurs nocturnes gravissent la colline
au milieu d'un bois de frangipaniers. L'hiver a dépouillé
les arbres, et leurs branches nues, qui sont plates et lui-

santes, ressemblent à des ossements. Les troncs se contorsionnent en des attitudes étranges, si bien que, sous la lueur laiteuse qui s'y glisse, on dirait des squelettes de suppliciés. Au milieu de cette forêt singulière, la voix du vieux bonze sonne avec plus d'écho :

« Le soir d'après vit un cavalier franchir la porte de l'Ouest. La splendeur du crépuscule emplissait l'horizon, et, sur la forêt lointaine, flottait une poussière dorée. Le cavalier s'arrêta et, les bras levés vers le ciel :

« Je marche vers la gloire et vers la richesse : le pré-
« sage en est certain. Je vois les trésors de la terre réunis
« dans mon palais, et le nom de Sithatha fleurira dans dix
« mille années sur les lèvres des enfants des hommes. »

L'ombre descendait du ciel, lorsque le cheval fit un brusque écart et refusa d'avancer. Alors, sur le chemin des forêts noires, le cavalier vit une forme qui demeurait immobile. Il se pencha vers elle : un dormeur était étendu, habillé de vêtements de soie. Sa main tenait une bourse; celle-ci vint à glisser et voici qu'un flot de perles, de diamants et d'or en ruissela longuement. Au même instant, un dernier rayon éclaira le visage du dormeur : c'était celui d'un cadavre.

Sans jeter un regard aux richesses éparses sur le sol, le cavalier se remit en selle, tourna bride et s'en revint au pas.

La brise s'est élevée, effrangeant la voix devenue un peu haletante et faisant neiger les fleurs des frangipaniers. Bientôt, sous la voûte des arbres, c'est une jonchée de corolles blanches qui floconnent sur la terre brune. Après une courte halte, la voix, reposée, reprend :

« Dans la nuit qui suivit sa troisième rencontre, le fils des Sakyas, monté sur un éléphant, franchit la porte du Sud, pour aller chasser le Tigre. Sur le sentier qui descendait vers la plaine, il vint à croiser un voyageur, tête nue,  sans bagages, qui sembla ne pas l'apercevoir. Il en fut irrité et, l'apostrophant :

« Qui donc es-tu, toi qui marches si fier, sans daigner
« faire hommage au fils du maître de la ville ? »

Le passant répliqua :

« Qui donc est assez fou pour se dire maître d'une chose
« au monde ? Sache que rien ici-bas ne t'appartient. Tu
« crois posséder ton palais, ton cœur, ta vie : c'est oublier
« l'étincelle, la femme, le serpent. »

Sithatha fut étonné, car il n'avait jamais encore entendu de semblables paroles. Il s'écria cependant :

« Un jour tu me verras le maître du monde ! »

— « Le monde est un fantôme engendré par notre « esprit. Écoute : Un soir, aux pays du couchant, j'allais « parmi les sables qui s'étendent à l'infini. Soudain, j'ai « vu les remparts, les tours, les portes d'une ville ; j'ai « marché vers elle : en un instant, tout a disparu. Le « monde ainsi n'est qu'un mirage. »

— « Pourquoi vivre alors, ô moine, si l'on ne peut rien posséder ? »

— « Pour conquérir la seule chose qui soit : la Vérité, qui « mène à la délivrance du mal. Sache la découvrir et tu « possèderas le trésor éternel, dont nul ne pourra te « priver. Tout le reste est semblable à ce rayon de lune. « Adieu ! »

Et, sans même se retourner, le moine poursuivit sa route. »

Ils ont maintenant disparu dans le sous-bois. Comme le chemin serpente en montant, la voix se perd par intervalles, pour se rapprocher l'instant d'après. Et voici ce qu'elle dit encore :

« Dans la semaine qui suivit les quatre rencontres, un homme sortait furtivement des portes de Kapilavattou. Ses cheveux, ses sourcils, sa barbe étaient rasés. Il n'avait pas donné d'adieu à la compagne de sa vie ; il n'avait pas embrassé le fils de sa chair ; il n'avait pas accordé de regard au palais qui l'avait vu naître. Mais il songeait :

« La jeunesse est un jour ; la force n'est qu'un souffle ; « la richesse n'est qu'un leurre ; le monde est un fantôme.

« Je marchais, revêtu d'un manteau de rêve et je l'ai
« dépouillé. Voici que je veux laisser ma robe d'igno-
« rance aux buissons du chemin. »

C'est ainsi que le futur Maître partait sur la voie qui
mène à la Sagesse. »

VI

Le vieillard et le jeune homme ont atteint le sommet
de la colline, que couronne un cheddi. Ils se tiennent au
bord de la plate-forme qui l'entoure et qui surplombe
la plaine. Sur des mamelons proches, deux temples
s'étagent, si fantastiques qu'on les dirait faits de clarté
lunaire. En bas, un pays de rizières et de forêts fuit
vers des horizons prodigieusement lointains ; au milieu

de sa blancheur pâle, quelque étang, quelque coude de rivière brillent comme un éclat de miroir. Au-dessus de tout, un rayonnement immense et calme emplit l'espace.

Longtemps, les deux ombres muettes demeurent à la même place avant de redescendre vers l'allée des frangipaniers.

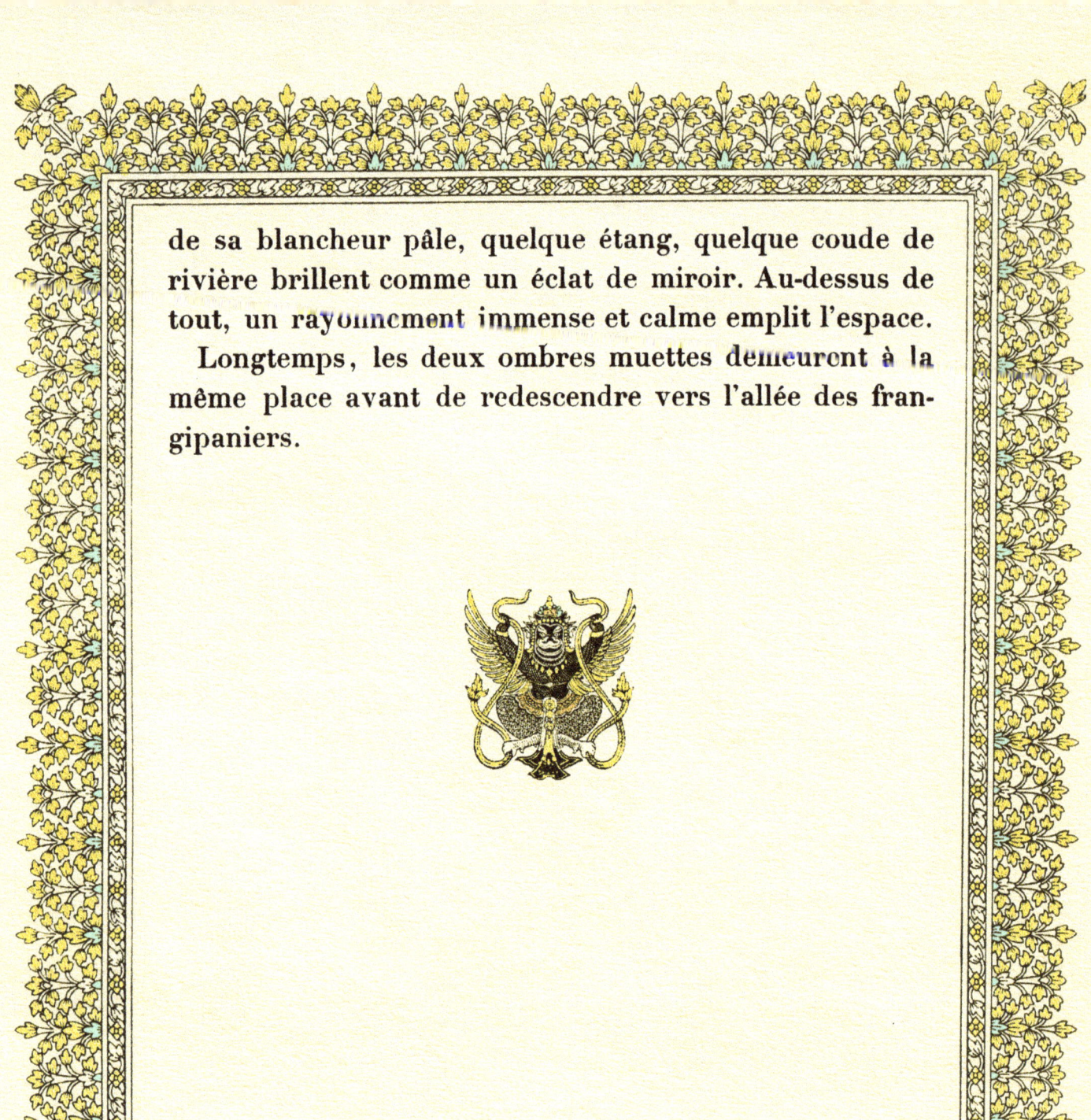

V
PRA NARIT

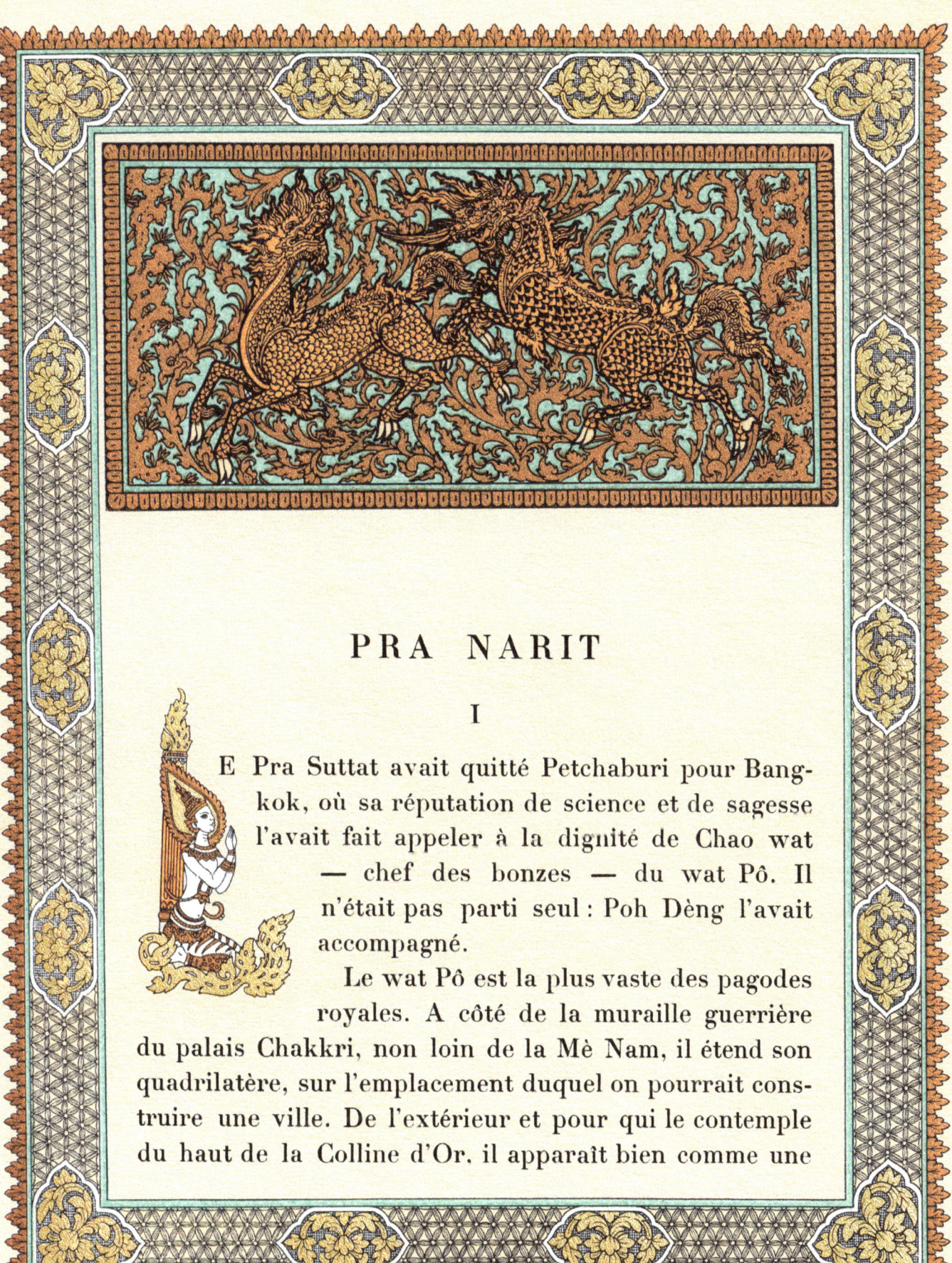

PRA NARIT

I

LE Pra Suttat avait quitté Petchaburi pour Bangkok, où sa réputation de science et de sagesse l'avait fait appeler à la dignité de Chao wat — chef des bonzes — du wat Pô. Il n'était pas parti seul : Poh Dèng l'avait accompagné.

Le wat Pô est la plus vaste des pagodes royales. A côté de la muraille guerrière du palais Chakkri, non loin de la Mè Nam, il étend son quadrilatère, sur l'emplacement duquel on pourrait construire une ville. De l'extérieur et pour qui le contemple du haut de la Colline d'Or, il apparaît bien comme une cité complète, tellement on voit, au milieu des arbres qui le peuplent, de toitures et de flèches dans l'enceinte de son mur pacifique, percé de seize portails.

Comme dans tous les temples du Siam, hospitaliers à tout venant, chacun peut entrer et circuler à sa guise dans les vastes cours dallées, parmi les jardins qui se juxtaposent et se continuent, sans qu'on puisse en retrouver le plan. On se perd aussi à vouloir dénombrer les constructions de toutes formes — pavillons bas sous leurs carapaces de tuiles imbriquées, sâla portées par des pilastres trapus, portails au fronton ondulé, campaniles aux ogives trilobées, prang à la surface couverte d'alvéoles, cheddi découronnés — qui rampent, s'érigent, se hérissent dans un désordre apparent fait pour déconcerter le visiteur, sollicité tour à tour et sans transition par le monumental, par le bizarre et par le grotesque.

A première vue, l'incohérence de cet amas de choses est telle, qu'elles semblent avoir été semées à la volée ou bousculées les unes contre les autres par une convulsion du sol. Au-dessus d'un rideau de flamboyants et de tamariniers, trois édifices se dressent; chacun d'eux a pour base une pyramide tronquée, dont les degrés irréguliers sont en dents de scie et dont les angles abattus présentent une surface zigzagante, de sorte que le regard, en quelque sens qu'il se meuve, ne rencontre que des arêtes vives. Cette pyramide supporte un cheddi à pans coupés; il est splendide par son revêtement de céramique miroitante, qui flambe avec les orangés, rêve avec les

bleus profonds, les verts transparents et sourit avec les roses pâles.

Comme la flèche, résultant d'une superposition de corbeilles, s'est émoussée au long des années, les herbes folles y ont crû et l'édifice sacré n'est plus qu'un colossal porte-bouquet.

Tout alentour du mur qui isole ces trois géants, devenus ruines avant même d'être vieux, une multitude de monuments nains se pressent étroitement, comme un menu peuple maintenu hors du contact des grands. Leur structure les range dans la même famille, mais ils se parent d'oripeaux modestes, conformes à leur taille. Que font-ils là? Recouvrent-ils des tombes? Renferment-ils des reliques? Telles furent sans doute leurs destinations premières. A l'heure actuelle, ils ont perdu jusqu'à leur sens symbolique, tombé dans l'oubli. Ils ne sont plus qu'une tradition, qu'une habitude, donc indestructibles.

Les gardiens du lieu sont deux colosses de pierre qui flanquent un portail et dont les mains se croisent sur un bâton; deux colosses stupéfiants, habillés et coiffés à la mode des Farang. Le visage rond encadré d'une barbe en fer à cheval, les yeux en boule, le nez fleuri indiquent que l'auteur s'est inspiré de modèles néerlandais, les seuls Européens connus alors au Siam, pour les ériger en caricatures lapidaires.

Mais le sanctuaire même? Un bonze qui s'y rend passe sous une porte étroite, par laquelle on débouche sur une surprise charmante: une courette oblongue, au milieu de laquelle des pagodons cornus sont portés par des personnages accroupis, auprès de massifs d'hibiscus en fleurs. Les bâtiments qui la ferment sont branlants et verdis; les tuiles des toitures disjointes jonchent le sol; mais une paix profonde habite ce réduit. Il conduit à une galerie couverte, sous laquelle un Bouddha se reproduit tout au long de la muraille, alignant dans une perspective de plus en plus obscure les socles incrustés de verroterie, les mains étendues sur les jambes croisées, les flammes qui voltigent sur les crânes pointillés. De semblables bâtiments, de semblables cloîtres se répètent deux par deux sur les quatre faces de la cour intérieure au centre de laquelle s'élève enfin le Bôt, le sanctuaire.

N'étaient ses dimensions, il serait d'apparence modeste : un vaisseau rectangulaire, dont le péristyle ne présente qu'une seule rangée de pilastres, sans embases ni chapiteaux. Visiblement, sa seule fonction architecturale est

de porter son toit : un toit gigantesque, multiple, à la triple assise, à la triple expansion latérale, un toit plus haut que le reste de l'édifice ; il le résume ou plutôt il est, à lui seul, l'édifice tout entier. Tandis que murailles et pilastres sont indigents, sans un ornement, il fait briller sa couverture de tuiles rousses, au double encadrement d'outremer et d'émeraude ; il apparaît alors comme une coiffure superbe, posée sur un corps à peine vêtu et point du tout paré. Et ses lignes amples, tendues sur un ciel calme, fourniraient un contraste parfait avec les autres parties de la cité religieuse, où tout est pointe, lame ou griffe, où tout semble fait pour trouer, pour taillader, pour déchiqueter, si, à chacun des angles de chacun des toits, la tête du Naga ne dardait ses cornes; si, à chaque arête du faîtage, l'ongle du Bouddha n'égratignait l'espace.

II

Quelques semaines se sont écoulées depuis la promenade nocturne sur la colline de Petchaburi, et Poh Dèng a pris la robe jaune au wat Pô.

Les phases de la cérémonie qui ont fait de lui un moine furent conformes au rite plusieurs fois séculaire. Il s'est présenté à la porte du temple, vêtu d'une tunique blanche, la tête couronnée de fleurs, accompagné de Mè Choup, de Naï Leut, de joueurs d'instruments et d'amis porteurs de présents. Ce cortège, qui symbolise par sa pompe l'existence première de Sithatha avant son renoncement, franchit l'enceinte par l'un des portails monumentaux. A pas comptés, il pénètre dans la cour intérieure. Les musiciens viennent en tête, les uns armés de tambourins, les autres, de cymbales; les derniers donnent la cadence en entrechoquant des lames de bois de fer, dont les claquements ont une sonorité extrême. Les deux tambourinaires qui ouvrent la marche s'en vont, dansant et gesticulant; ils se retournent par intervalles, se figent dans une immobilité subite, puis, comme sous l'action d'un ressort, se livrent à d'effroyables dislocations, faisant mine de se jeter l'un sur l'autre et se frappant la tête de leurs instruments. Derrière eux suivent les porteurs de présents ; enfin, le récipiendaire est abrité sous un parasol et tient en main une fleur de lotus.

Par trois fois, le cortège a fait le tour du bôt, s'arrêtant aux huit pierres érigées sous autant d'édicules et qui

délimitent le terrain sacré; leur forme est celle de la feuille du figuier saint, de l'arbre du Bouddha. Devant chacune d'elles des enfants, s'étant prosternés, ont effeuillé des pétales, allumé des bougies et des bâtonnets d'encens. Puis, au son des psalmodies, tout le monde est rentré dans le sanctuaire.

L'intérieur en est sombre; la lumière qui entre par les premières fenêtres, seules ouvertes, se brise contre la double rangée de pilastres couverts de peintures; les murailles s'ornent également de fresques, dans lesquelles la perspective est représentée, non par des lignes fuyantes, mais par des plans superposés. L'ameublement consiste en tables basses agrémentées de clinquant, en consoles de même style, en armoires dont les panneaux laqués ont des flammes d'or ou de nacre. Dans le fond, un autel à plusieurs étages est dominé par un Bouddha à moitié invisible. Des candélabres de cristal et des girandoles de fleurs artificielles pendent du plafond.

Au milieu de la nef, dans une chaire surélevée, le Pra Suttat est accroupi sur des coussins de soie. Il garde en main le talapat, l'éventail sacré, qui doit isoler le regard du moine, des vanités du monde. A ses côtés, les bonzes sont rangés en une double file, et toutes les robes jaunes se tiennent immobiles et hiératiques, comme autant de statues d'or.

Peu à peu, les assistants se sont groupés sur les nattes qui jonchent le dallage. Après quelques formalités préliminaires, Poh Dèng s'est prosterné devant le Chao-wat, et le dialogue suivant s'est échangé entre eux :

« Es-tu bien exempt de fièvre, de lèpre et de tout mal contagieux?

— Je le suis.

— As-tu jamais été envoûté ou sous la puissance de magiciens?

— Jamais.

— Es-tu en pleine possession de ton esprit?

— Je le suis.

— Es-tu du sexe masculin?

— Je le suis.

— As-tu des créanciers?

— Je n'en ai pas.

— Es-tu esclave ou fugitif?

— Je ne le suis pas.

— Possèdes-tu les objets et les vêtements requis?

— Je les possède.

— Alors, approche ».

Suivant l'exemple du Maître, Poh Dèng a dépouillé les vêtements de son ancienne existence pour revêtir le costume de sa vie nouvelle. L'opération ne va pas d'elle-même, et le récipiendaire serait bien empêché dans les plis et replis de la robe, de la ceinture et du manteau, si plusieurs de ses frères, plus experts que lui, ne venaient à son secours, non sans un sourire narquois. Le voilà enfin en posture de prêter les huit serments, qui sont : de ne détruire aucun être vivant ; de ne pas voler ; de ne commettre aucun acte impur ; de ne jamais mentir ; de ne pas boire de boissons enivrantes, de ne prendre de nourriture qu'aux heures permises ; de s'abstenir des plaisirs de la danse, du chant, de la musique et du théâtre ; de ne pas user d'onguents, de parfums ni d'ornements, de ne pas s'étendre sur un lit profond ou surélevé ; de ne recevoir ni or ni argent.

Alors, le Pra Suttat prononce la formule qui admet le postulant dans la congrégation. C'est à celui-ci de recevoir les hommages des assistants qui, s'approchant tour à tour, se prosternent à ses pieds pour y déposer les présents dont ils étaient porteurs. Bientôt le sol est couvert de cigares, de robes, de sacs en cuir, de fleurs, d'éventails et de parapluies ; il y a même une lampe à pétrole et un réveille-matin nickelé : on dirait un étalage du sampeng.

Au milieu des présents, un bouquet de fleurs rouges a passé inaperçu.

Perdue dans la foule, une femme s'est esquivée, après s'être tenue dans le coin le plus obscur du sanctuaire.

La cérémonie est terminée. Pour un temps ou pour toujours, suivant son gré, Poh Dèng n'est plus : il a fait place au Pra Narit, bonze du wat Pô.

III

La vie du Pra Narit s'écoule, très simple, dans l'observance des deux cents règles de l'existence du moine. Cette discipline ne lui est pas à charge, car il sait qu'il peut la secouer le jour où il le voudra. Aussi ne songe-t-il guère à quitter le wat.

Il habite dans la bonzerie, proche du temple, qui aligne ses cases blanches dans un tracé géométrique de ruelles et d'avenues. Chacun de ses jours est semblable à la veille. Il est levé dès l'aube, se rase la tête et les sourcils ; puis il s'en va, suivi du bonzillon attaché à sa personne, quêter sa nourriture et celle de ses frères. Dans les rues qui n'ont pas de trottoirs, la circulation des pousse-pousse, des tramways et des voitures sans chevaux ne lui permet pas de tenir son regard abaissé vers la terre, à une longueur de charrue, comme le veut la Loi ; mais celle-ci fut faite dans des temps différents du nôtre. Par contre, il est une règle dont le respect est demeuré strict : celle qui défend au moine de manger, passé le milieu du jour, jusqu'au lendemain matin ; il doit pendant ce laps de temps s'abstenir de tout aliment solide, qu'il remplace par d'innombrables tasses de thé.

Matin et soir, le tintement de la cloche appelle les habitants de la bonzerie au temple. Le Pra Suttat, dans sa chaire de Chao-wat, lit à haute voix les textes saints, dont le manuscrit repose sur ses genoux ; les pages en sont des feuilles de latanier reliées entre elles par des cordons de soie ; les caractères ont été tracés à la pointe du style et, pour les rendre visibles, l'on a rempli de cendre grasse les creux ainsi obtenus. La lecture finie, les bonzes entonnent en chœur les versets liturgiques, qui leur demeurent lettre morte, étant en langue pâli. La psalmodie monte gravement vers le toit obscur avec la fumée de l'encens et le parfum des fleurs. C'est comme un martellement qui tantôt scanderait ses coups plus brutaux, tantôt les précipiterait en saccades plus sourdes, jusqu'à ne plus être qu'un bourdonnement rythmé. De brusques interruptions font planer un silence de mort sur les formes pétrifiées des bonzes.

En dehors de ces heures, le Pra Narit, tout en se promenant, parcourt également le domaine de la méditation, avec ses huit régions, dont la première est celle de l'Amour, et la dernière, celle de la Sérénité. Comme chacune d'entre elles se sub-

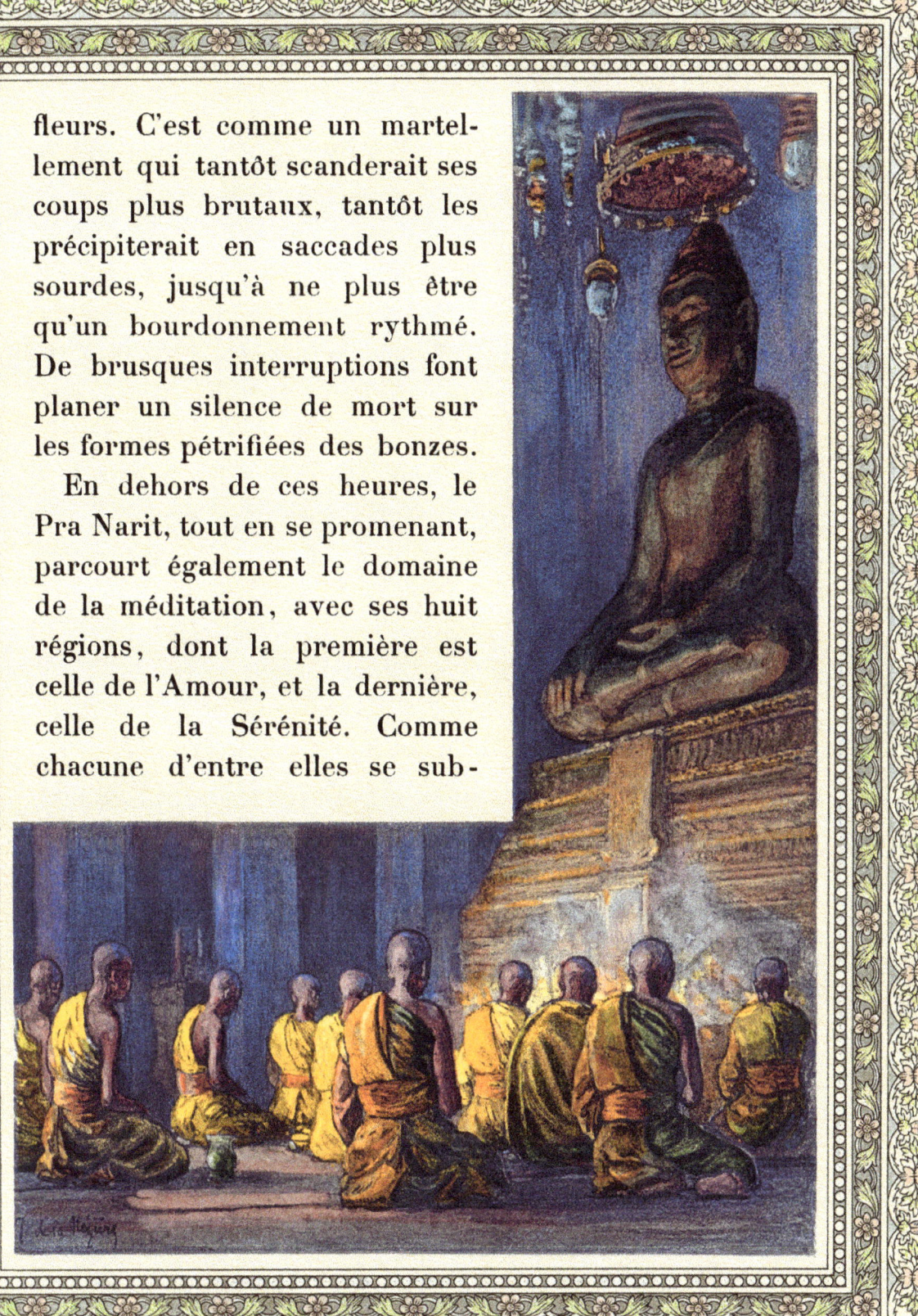

divise en plusieurs parties, ce n'est pas trop que toutes les cours et jardins du wat Pô, pour faire concorder les deux promenades du corps et de l'esprit.

Entre tous les coins et recoins du temple, il en est un que le Pra Narit affectionne, car sa pensée s'y complaît. Un banyan y étend ses branches hospitalières, d'où l'ombre sacrée s'épand sur le sol : le tronc dont la base est protégée par une margelle, est drapé d'étoffes jaunes aux longs plis retombants : ce sont les robes des moines trépassés, qu'il eût été peu séant de jeter à la voirie ; c'est pourquoi l'on a suspendu les vêtements des serviteurs défunts autour de l'arbre consacré au Maître.

C'est là, dans une retraite où les bruits du dehors n'arrivent pas, que le Pra Narit songe aux enseignements du Pra Suttat, dont il est devenu l'élève préféré, ainsi qu'Ananda fut le disciple chéri du Pra Puttha-Chao. Or, tandis qu'il pèse ses dernières paroles et les retourne dans tous les sens, comme un joaillier soupèse et examine une pierre précieuse sur toutes ses faces, son attention est distraite par le monument qu'il a devant les yeux et qu'il croit voir ce jour là pour la première fois. C'est un pavillon parfaitement symétrique, dont chacune des faces est percée d'un portail ouvré. Les lignes de raccordement en sont d'une habileté heureuse. Le toit, issu d'entre les tympans, commence en une pyramide qui, par un artifice, devient de figure circulaire. Il supporte l'ornement le plus expressif de l'art siamois : le Yot, c'est-à-dire une sorte de tiare dont la base s'épanouit en corbeille et dont les étages circulaires, hérissés de dentelures, s'effilent jusqu'à devenir la longue tige qui jaillit victorieusement. L'édifice dresse d'un jet hardi sa silhouette aiguë, d'une étrangeté gracieuse et d'une harmonie charmante. Il a quelque chose de féminin, qui inquiète et qui attire.

Les dernières paroles du Pra Suttat furent celles-ci :

« En consentant à oublier, tu as libéré ton esprit, captif jusque là. Par la reprise de toi-même tu t'es ouvert le chemin qui mène aux biens stables et définitifs. C'est folie que de chercher sa raison de vivre dans un monde où tout n'est que changement, tristesse, illusion. »

Est-ce bien la vérité ?

Ses yeux se reportent malgré lui sur le pavillon qui lui fait face et dont il ne peut s'empêcher d'admirer l'harmonie et l'éclat. Il est encore baigné de lumière ; mais, déjà, l'ombre, embusquée derrière une des façades, la contourne, se glisse de retrait en saillie, franchit l'obstacle des pilastres et déferle le long de la muraille, qu'elle a vite submergée. La lumière, ainsi pourchassée, recule, ne cédant d'abord le terrain que pouce à pouce, puis, précipitant sa fuite éperdue; elle se réfugie sur l'un des tympans, dont le triangle rose détache sur un ciel vert pâle son étincellement; les dentelures de ses arêtes se tordent sur elles-mêmes comme des flammes. Le flot qui monte, un instant arrêté par l'obstacle de l'entablement, l'a vite franchi et bientôt la dernière lueur, accrochée à l'extrême pointe, palpite une dernière fois, hésite et brusquement s'éteint.

Tout n'est que changement.

L'édifice glorieux est redevenu une masse inerte. Dépouillé de son vêtement de lumière, il apparaît froid, triste, vide. Aucune vie n'y frémit plus, et la contemplation de cette chose morte est lamentable. Comme l'ombre montait tout à l'heure le long de la muraille, un découragement profond envahit l'âme du Pra Narit.

Tout n'est que tristesse.

Cependant il demeure à la même place; une lassitude inconnue tient ses membres. Sans qu'il le veuille, son regard fouille le monument, dont la coloration, harmonisée par l'ombre se fait douce comme celle d'une vieille porcelaine; on dirait, délicate et fragile, une grande pièce céramique sortie d'un seul bloc, d'un four géant. Les motifs qui la décorent sont innombrables; c'est une végétation multiforme qui s'étale en parterres, s'épanouit en gerbes, s'arrondit en festons et en guirlandes.

Alors, le Pra Narit s'avise que toute cette parure est faite de débris de poteries, de fragments d'assiettes, de tessons de bouteilles et d'éclats de verres. Tel feuillage représente un massacre de théières; tel rinceau, une hécatombe de pots à bétel. Voici une fleur dont les pétales sont des cuillers à riz; des boutons de corne figurent ses étamines. Le monument tout entier est un trompe-l'œil.

Tout n'est qu'illusion.

« Le Pra Suttat à dit vrai. Changement, tristesse, illusion, voilà ce qui m'attendait dans la voie où je poursuivais le fantôme du bonheur. Ma volonté fut bonne, de chasser de mon cœur jusqu'à l'ombre d'un souvenir. »

Tout là haut, la pointe du yot s'effile comme une aiguille, qui obsède le regard. Dans l'obscurité venue, les yeux fatigués du Pra Narit viennent à percevoir une vision étrange. L'édifice sacré perd sa netteté de lignes, flotte un instant dans un brouillard, puis, sans avoir abdiqué complètement ses formes, apparaît comme une statue. Sa robe de clinquant en revêt le buste et les cuisses; ses ornements en griffe deviennent des épaulettes, des genouillères et des ongles; le yot est une couronne posée sur la tête...

Et voici que la statue s'anime. Lentement, le buste s'incline, pour se redresser et s'incliner encore; les jambes s'arrondissent en arche, les bras se déploient, les mains se révulsent. A pas glissés, elle marche vers lui et deux yeux brillants, enchâssés dans une face blafarde, le fixent longuement, avec une expression de tristesse infinie.

Le gardien du wat, en faisant sa ronde nocturne, vit auprès du grand banyan un corps étendu; il dut asperger le visage d'eau fraîche, pour faire revenir à lui le Pra Narit évanoui.

IV

« Mon fard, où l'as-tu mis ?

— Là, près de la boîte à cire. Tes yeux ne sauront bientôt plus distinguer une mangue d'une papaïe.

— Mè Dèng, aide-moi à accrocher les inchanon à mes épaules.

— Un instant, Mè Tô-Tô : le temps de fermer mes bracelets.

— Oui, petite sœur, j'ai un charme infaillible contre la piqûre des serpents ; c'est Naï Chareun, le batteur d'or, qui m'a donné la recette. Tu prends un morceau de mâchoire de cochon sauvage, un fragment d'os d'oie, une queue de poisson, la tête d'une vipère...

— Vite, la vieille Mè You demande un miroir.

— Si c'est pour regarder son joli visage, autant offrir une bague à un manchot. »

Les petites danseuses vont, viennent, bavardent dans la salle du palais royal où elles s'habillent pour le khon qui, dans peu d'instants, sera donné en l'honneur de l'anniversaire de la naissance du Roi. La pièce est encombrée d'oripeaux et d'accessoires variés; de lourds brocarts, des étoffes bruissantes de strass, des ceintures pesantes attendent que de fragiles poupées s'en parent; sur des tablettes s'alignent des rangées de boîtes métalliques, semblables à de vastes éteignoirs, où sont enfermées les tiares monumentales; des carapaces couvertes d'écailles, propres à figurer des monstres, reposent à terre et des masques sont pendus à la muraille auprès de plumages multicolores.

Le temps passe et les vieilles femmes qui surveillent les ajustements gourmandent les retardataires. Celles-ci s'en émeuvent modérément et ne perdent ni un coup de langue ni un éclat de rire :

« Comme mon pantiouret est lourd sur ma tête ! il pèse bien deux chang !

— Pourquoi pas un picul ? Cela ne coûte pas plus à dire.

— Où donc est Mè Ping ?

— Elle répète sa scène une dernière fois.

— Il paraît que son costume est joli.

— Oui, j'aurais voulu l'avoir. Je ne comprends pas pourquoi, depuis quelques jours, elle est morose.

— Aurait-elle quelque peine de cœur ?

— Elle ! Autant demander si un des oiseaux de bronze du wat Pra Kèo a pondu un œuf.

— N'importe, je voudrais la consoler.

— On voit que tu es jeune. Tu ignores encore la vérité du proverbe : N'aide pas l'éléphant à porter ses défenses.

— Écoutez ! j'entends la sonnerie des trompettes de bronze.

— Le Roi fait son entrée,

— Allons voir ! »

Et l'essaim des petites ballerines se précipite le long des couloirs, en quête d'un poste d'observation.

Le Roi arrive en effet de son palais du Dusit, situé dans les quartiers neufs de l'Est aux vastes avenues. A la porte du palais Chakkri, où l'a déposé la voiture sans chevaux qu'il conduit lui-même, il monte dans un palanquin porté par les épaules de douze hommes vêtus d'une livrée orange, sur laquelle tranchent, en s'y accordant à merveille, la ceinture verte et la bourse de même couleur. Un parasol aux orfrois miroitants abrite sa tête et le porteur de l'éventail se tient à son côté.

Le cortège se met en marche, encadré par les licteurs

rouges, précédé par les musiciens qui sonnent des trompettes en forme de conque. Derrière le palanquin viennent un détachement de la Garde royale et le corps des Pages costumés à l'européenne : habit bleu, culotte courte et bas de soie ; enfin, fermant la marche une longue suite de hauts fonctionnaires civils ou militaires, la poitrine barrée du cordon rose de l'ordre du Chula Chom Klao ou portant la croix de l'Éléphant blanc. Dans la cour d'honneur, au pavage éblouissant et brûlant, les troupes massées devant le palais présentent les armes, cependant que les musiques militaires font rage.

Le Roi monte l'escalier que gardent deux éléphants de bronze, entre deux haies de courtisans. Il traverse l'antichambre où les uniformes nouveaux et les vieux costumes de Cour, étonnés de se coudoyer, s'inclinent profondément devant lui. Il pénètre enfin dans la salle du trône. C'est une nef rectangulaire, éclairée par un plafond vitré ; des tableaux peints par les Farang et des trophées la décorent ; on y voit aussi des arbustes aux feuillages d'or et d'argent, offerts au souverain, pour l'acquit de leur tribut, par les princes du Nord et par ceux de la péninsule Malaise. Là, se répète le cérémonial annuel, et tandis que, dans un silence profond, les harangues de remerciements succèdent aux harangues de congratulations, la sueur ruisselle sur les visages, coule sur les broderies, à faire croire que ces corps immobiles vont fondre dans les carapaces chamarrées qui les emprisonnent.

Mais ce n'est là que la première partie de la fête.

V

Sur une pelouse entourée d'arbres taillés en boule à la mode Yi-poun, le Roi, entouré de sa cour, suit d'un œil distrait les péripéties de la représentation donnée en son honneur. La scène mimée par deux personnages figure un des principaux épisodes du poème hindou du Ramakien : le héros Râma, exilé dans la forêt Dandaka par les intrigues de sa belle-mère l'astucieuse Kaiyeyi, se voit sollicité par sa femme, la belle et vertueuse Sita, qui veut l'accompagner. Pour faciliter aux spectateurs la compréhension des gestes qu'ils voient, les programmes qui leur furent remis portent imprimés les passages essentiels des sargas mis à la scène :

> *Après avoir pris congé de Kansalyâ, sa mère, dont il avait reçu la bénédiction, Râma se disposa à partir pour la forêt, s'affermissant dans le sentier du devoir rigoureux.*
>
> *Sita accourut au-devant de son époux... Lorsqu'elle l'aper-*

çut, le visage pâle baigné de sueur, d'une agitation fébrile, elle lui demanda, dans son anxiété :

« *Que se passe-t-il donc, ô Seigneur ?*

« *Ton beau visage, que n'ombrage pas le parasol*
« *à cent branches, brillant comme l'écume des flots,*
« *a perdu son éclat.*

« *Pourquoi ne voit-on pas s'avancer, ô héros, l'élé-*
« *phant majestueux, paré de tous ses ornements,*
« *semblable à une montagne couverte d'une nuée*
« *sombre ?* »

Ainsi se lamentait cette princesse. Le descendant de Raghu lui dit : « *Sita, mon vénéré père m'exile dans*
« *la forêt. Il me faudra, quatorze années durant,*
« *habiter la forêt Dandaka.....*

« *Pour toi, ma belle, demeure ici soumise au Roi...*
« *t'adonnant exclusivement aux bonnes pratiques.* »

Les attitudes des deux danseuses, dont l'une est travestie, sont conformes aux sentiments qui agitent l'âme de l'héroïne et du héros. Celle de Râma exprime la douleur virile qui voudrait rester maîtresse d'elle-même, mais qui ne peut se contenir. Celle de Sita ne traduit encore que l'étonnement inquiet auquel, par des transitions heureusement graduées, va succéder un sentiment plus véhément.

A ces mots, Vaidehi, l'aimable princesse, froissée dans sa tendresse conjugale, dit à son mari :

« *Pourquoi ce langage inconsidéré ? Certes, ô Râma,*
« *le premier des héros, je ne puis que mépriser ce*
« *que j'entends.*

« L'épouse suit la destinée de son mari, ô taureau des
« hommes ; dès lors mon devoir est fixé : je séjour-
« nerai dans la forêt.

« Au faîte des palais, sur les chars, au milieu des airs,
« partout où elle se porte, l'ombre des pieds d'un époux
« doit être suivie.

« Constamment soumise à sa volonté, docile, vivant en
« ascète, je serai heureuse près de toi, ô héros, dans
« le bois aux suaves aromes.

« Je ne m'ennuierai pas un seul instant. Le ciel même
« je n'y songerai pas ; car s'il me fallait vivre au ciel
« loin de toi, ô Râghava, tigre parmi les hommes, je
« ne saurais m'y résigner. »

L'indignation, la colère, la tendresse, la résolution inflexible qui emplissent le cœur de l'abandonnée, se lisent dans son jeu, avec une vérité telle, que bientôt les spectateurs et le Roi lui-même n'ont plus de regards que pour elle. Ils en veulent à Râma de ne pas céder sans retard aux prières de son épouse et de lui décrire longuement les maux inhérents au séjour dans la forêt :

« O Sita, renonce à ton dessein d'habiter la forêt. Un bois très dangereux, voilà comment l'on définit la forêt.

« On y entend les horribles rugissements, auxquels les cataractes mêlent leur fracas, des lions qui habitent les cavernes : d'où le danger de la forêt.

« Les étangs peuplés de crocodiles marécageux y sont absolument impraticables, même pour les éléphants en rut : d'où le grand danger de la forêt.

« *Des lianes et des broussailles encombrantes où l'on entend le Krikavâku, le manque d'eau, des sentiers très pénibles : d'où le danger de la forêt.*

« *On y doit pratiquer le jeûne jusqu'à épuisement, ô Maithilî; le port de la tresse y est obligatoire, ainsi que l'usage des vêtements d'écorce.*

« *Des mouches, des scorpions, des vers, des taons et des moustiques y tourmentent perpétuellement tous les êtres, ô femme délicate: d'où l'inconvénient de la forêt.* »

Jusqu'ici l'attitude de Sita fut calme. C'est seulement dans le regard, dans quelques gestes très sobres, qu'il a fallu lire l'émoi de son âme. Désormais, son jeu s'anime; ses mouvements s'enfièvrent; elle devient en proie à un trouble, qui va bientôt atteindre son paroxysme. Aussi les spectateurs jettent-ils à peine un coup d'œil sur le texte du dernier sarga :

« *Quelle n'a pas été l'erreur de Vaidehi mon père, le roi de Mithilâ, ô Râma, en te prenant pour gendre, toi qui n'es qu'une femme!*

« *Pourquoi donc cet abattement et d'où vient ton épouvante, que tu veux m'abandonner, moi qui n'ai d'autre asile que toi?*

« *La poussière soulevée par un grand vent qui me couvrira, ô mon cher époux, me semblera de la poudre précieuse de santal.*

« *Avec toi, c'est le ciel et sans toi c'est l'enfer: voilà. Sache-le, o Râma, et sois parfaitement heureux avec moi.* »

Telles étaient les multiples lamentations que Sita exhalait dans sa douleur. Elle jetait des cris perçants et tenait son époux fortement embrassé.

L'entourant de ses deux bras, pendant qu'elle était presque privée du sentiment, Râma s'efforça de la ranimer par ses paroles :

« *Je me laisse fléchir, ô Sita ; je consens à t'emmener dans la forêt Dandâka, puisque ta résolution inébranlable est de m'y suivre et de l'habiter aussi.*

« *Accomplis, femme aux belles formes, les œuvres qui doivent assurer le bonheur de notre séjour dans la forêt ; non, désormais, loin de toi, ô Sita, le ciel même ne saurait me plaire.* »

Cette dernière scène fut mimée avec perfection. En vérité, c'est l'âme de Sita qui anime le corps de la danseuse ; ce qu'elle exprime, on peut croire qu'elle le ressent. En place d'une fiction, c'est une réalité d'amour, d'angoisse et d'espoir qu'elle sait rendre vivante, et les larmes qu'elle ne peut retenir en tombant dans les bras de son époux, sont bien des larmes de bonheur. Devant cet art suprême, le public, entièrement conquis, laisse échapper un long murmure d'admiration, encouragé par le Roi, qui s'enquiert de la danseuse.

« C'est une nouvelle ballerine, offerte par le Pya Kattorn. Elle paraît pour la première fois devant le Pra Bât Somdet ; elle est encore à l'épreuve et ne fera partie de la troupe royale à titre définitif, que si telle est la Volonté Souveraine imposée sur le sommet de notre tête.

— Telle est Ma Volonté. »

La destinée de Mè Ping est fixée à jamais.

VI

La fête du Krathong. C'est une vieille coutume brahmanique, introduite au Siam, il y a bien des âges, par une épouse du roi Pra Luang, qui appartenait à la religion de l'Inde. Cette fête a pour objet d'honorer les Génies des Eaux, dont les faveurs sont décisives, car il dépend d'eux de faire tourner en bien ou en mal les actes quotidiens de la vie : boire, se baigner dans la rivière ou naviguer à sa surface.

Dans la nuit du Loï Krathong, les bords de le Mè Nam Chao-Pya sont encombrés par une foule, tranquille à son habitude et presque silencieuse. Des milliers d'hommes, de femmes, d'enfants s'y trouvent réunis. Chacun d'eux porte un objet singulier : c'est une manière de berceau, fait d'écorces ou de feuilles de bananiers, dont l'assemblage figure une embarcation, le Krathong, tantôt minuscule comme un jouet d'enfant, tantôt de la taille d'une pirogue. Des offrandes diverses y sont entassées, consistant en fruits, en provisions de riz ou de noix d'arec ; la décoration en est faite de palmes, de fleurs, de rubans rouges et jaunes, de drapeaux, de parasols en papier et de bougies multicolores. Celles-ci allumées, l'esquif part à la dérive sur les flots qu'il doit rendre propices. Bientôt, le fleuve est couvert de lueurs vagabondes, qui s'essaiment au fil du courant, se rattrapent, se dépassent dans une course sans cesse

renouvelée. Certains sombrent, submergés par une vague ou pris dans un remous ; d'autres s'entrechoquent, s'incendient mutuellement, et leurs flammes rougissent l'eau noire d'un reflet dansant. Les plus grands ont une illumination plus brillante ; ce sont de véritables îlots de feu et, quand ils rangent la rive, ils éclairent le feuillage d'une lueur fantastique ou plaquent des reflets vifs sur les murs d'un wat subitement embrasé. Combien d'entre eux accompliront leur course jusqu'au bout et flotteront jusqu'à Pak-Nam, là où la Mère des Eaux rencontre les flots de l'Océan ?

Cette nuit-là, alors que la fête touche à sa fin, une forme silencieuse est sortie de l'enceinte du palais royal, par une des portes qui regardent le fleuve. C'est une femme très jeune, simplement vêtue, mais couverte de bijoux. Sans doute, n'est-elle pas venue faire boun pour elle-même, car, au milieu des fleurs, se dresse une figurine de bois, grossièrement sculptée, avec un nom gravé sur le socle : le nom de celui à qui elle veut appliquer le mérite. Un à un, elle allume les cierges disposés parmi les offrandes, puis, se prosternant, elle dépose le Krathong sur l'eau. Comme il est pris par le contre-courant qui reflue le long du bord, il refuse d'abord de s'écarter et revient obstinément vers la rive. Serait-ce un fâcheux présage et les Génies refusent-ils ses présents ? Mais une impulsion plus vigoureuse repousse l'esquif en plein courant ; voici qu'il s'éloigne, lentement d'abord ; il accélère sa marche.

Et Mè Ping, immobile et le cœur gonflé de soupirs, voit disparaître sur le clapotis des vagues les fleurs de dok-kham, les fleurs rouges de la chanson que Poh Dèng aimait.

Bangkok. Années 128-130 de l'ère Chakkri.

ANNEXES

Notes de l'éditeur

C'est en novembre 2008 que j'ai eu pour la première fois une copie de l'édition de 1913 de *Poh-Dèng*. Avec seulement 350 exemplaires originaux, le livre était à la fois rare et coûteux. J'ai emprunté le livre — n° 186 — de la bibliothèque de l'Université Harvard. Cela m'a immédiatement impressionné en tant que livre le plus magnifiquement illustré sur le Siam du début du 20ème siècle que j'ai jamais vu. Aujourd'hui, plus de dix ans plus tard, c'est toujours mon opinion.

Sur la base de sa visite au Siam, Paul Louis Rivière a conçu une fiction romantique mêlée à ses impressions sur le royaume et ses habitants. Et ce qui rend le livre extraordinaire, ce sont cinquante illustrations en couleurs de Joseph de La Nézière, artiste de renom reconnu comme l'un des pionniers de la peinture coloniale. L'artiste s'est rendu au Siam en 1901 et 1910, et c'est devenu le seul livre que La Nézière illustrerait au cours de sa longue carrière. La manière dont leur collaboration sur le projet a été créée est inconnue, mais plus d'un siècle plus tard, nous en sommes reconnaissants.

J'ai voulu créer une édition moderne abordable pour que davantage de gens puissent découvrir le grand talent des deux créateurs du livre. En 2017, j'ai trouvé une copie et relancé le projet. Comme pour tous mes projets de restauration de livres, j'ai défini trois priorités:

Premièrement, mes éditions modernes doivent être fidèles à l'œuvre originale de l'auteur, sans aucune modification du texte.

Deuxièmement, mes nouvelles éditions doivent servir les œuvres en utilisant la technologie, des informations supplémentaires et une mise en contexte nouvelle. Pour *Poh-Dèng*, la préface du professeur Henri Copin offre aux lecteurs modernes de précieuses perspectives sur l'importance de l'ouvrage dans le contexte de la littérature coloniale française. Visuellement, les numérisations haute résolution et la restauration expert d'Artsiom Yatsevich nous ont permis d'augmenter de 50% la taille du livre et de ses illustrations.

Ici, je dois également saluer l'éditeur original, Henri Jules Piazza (1861-1929), pionnier de l'édition de livres illustrés de luxe comme celui-ci en éditions limitées avec du papier et une production de qualité. Mon seul regret est que lui-même, ou son personnel chargé de la mise en page, ont choisi de rabattre un si grand nombre des illustrations de M. de La Nézière par des recadrages maladroits (et inutiles).

Troisièmement, j'ajoute toujours des informations biographiques sur l'auteur afin que les lecteurs modernes puissent connaître l'homme qui se cache derrière l'œuvre. Un merci aux notices du CTHS rédigées par Martine François pour P.-L. Rivière, et Christian Demeunelaere-Douyere, pour Joseph de la Nézière ainsi qu'aux notices de la BnF Data.

Enfin il faut saluer la qualité des informations du blog des « Grande(s) et petites histoires de la Thaïlande » à www.AlainBernardenThailande.com. Il est animé par deux retraités vivant en Thailande, Alain ancien professeur de littérature française, et Bernard, ancien avocat. Pour en savoir plus sur eux, consultez leur article « Pourquoi ce blog ? ».

Enfin, une dernière raison pour laquelle restaurer ce travail était si important pour moi. La plupart de la littérature française sur l'Asie du Sud-Est se concentre naturellement sur le Cambodge, le Laos et le Vietnam, ce qui est une façon d'apprécier, d'honorer et de préserver les cultures de l'empire colonial français. Il est moins fréquent, et donc merveilleux, de voir la créativité et la passion françaises s'attacher aux subtilités de la culture siamoise de cette époque.

J'espère que cette édition fera connaître à de nouveaux admirateurs les talents de M. Rivière et de M. de La Nézière.

Kent et Sophaphan à Bangkok.

Kent Davis

Ayant beaucoup travaillé et voyagé en Asie du Sud-Est depuis 1990, Davis est un éditeur, auteur, traducteur (anglais, thaï, français), chercheur indépendant et archéologue littéraire.

Depuis la fondation de DatAsia Press avec son épouse Sophaphan en 2005, ils ont publié une série de livres exceptionnels sur l'histoire, l'art et la culture de l'Asie du Sud-Est et de l'Indochine française. Les éditions de DatAsia couvrent des sujets allant de l'antiquité au milieu du XXe siècle. Les éditions DatAsia incluent des analyses académiques contemporaines, des restaurations étendues de livres rares épuisés et des traductions anglaises de la littérature coloniale française.

Davis et son épouse ont également effectué des recherches approfondies sur les images de *devata* (déesse) gravées dans la pierre au Cambodge, en Thaïlande et au Laos (voir Devata.org). En 2007, DatAsia a financé la construction du Srei Devata École intermédiaire à Baray, Kompong Thom, par American Assistance for Cambodia.

Autour d'un sacre
P. Louis Rivière

Le Figaro – Supplément littéraire Dimanche
N° 48, du samedi 2 décembre 1911.

Aujourd'hui 2 décembre, l'on célèbre, à Bangkok, les fêtes du couronnement de S. M. Somdech Phra Paramendr Maha Vajiravudh Phra Mongkut Klao, monté sur le trône de son père, le roi Chulalongkorn ; qui n'était pas inconnu pour la France et pour les Parisiens. Dans une des salles du palais royal, dont l'architecture mi-siamoise, mi-européenne, caractérise assez exactement l'époque actuelle, la lourde tiare à multiples étages et terminée en flèche sera posée, au milieu des rites séculaires, sut la tête du sixième héritier de la dynastie Chaklin (sic), qui depuis cent trente années préside aux destinées du Siam.

Ce pays est un des rares – le seul peut-être – où le métier de roi soit encore tenable. Rien à redouter du dehors ; à l'Est comme à l'Ouest, l'horizon, jadis chargé de nuages, s'est rasséréné ; après une longue période de tension orageuse du côté de la frontière française, le ciel s'est éclairci et le baromètre demeure au beau fixe. Grâce à la confiance que surent inspirer, par une politique de droiture, des diplomates comme MM. Boissanas et de Margerie ; par leurs talents hors pair, des conseillers tels M. Padoux, ministre plénipotentiaire au service du gouvernement siamois, celui-ci s'est résolument rapproché de notre pays, auquel il a demandé des collaborateurs : c'est à une commission française qu'il s'est adressé, il y a trois ans, pour confectionner des Codes, qui remplaceraient un jour les coutumes surannées et les textes désuets. Si l'on veut juger une politique par des résultats, on peut constater ceci : alors que la plupart des pays asiatiques – Annam, Cambodge, Corée – tombaient sous la domination de peuples plus puissants, seul le vieux pays Thaï continuait à voir flotter sur les bords de la Ménam, libre de toute vassalité, son pavillon d'écarlate à l'éléphant blanc.

Voilà pour l'extérieur. Au-dedans, le travail d'européanisation – pardon pour ce barbarisme – inauguré par le roi Marghus (sic), continué avec ténacité par son successeur, a pu créer des rouages administratifs, fonder des ministères, et instituer une bureaucratie, mettre des uniformes sur le dos des fonctionnaires à lunettes d'or, planter à Bangkok un décor assez séduisant : il n'a heureusement porté aucune atteinte sérieuse aux qualités foncières de la race siamoise, il n'a pu entamer son aimable indolence, son apathie incoercible, il n'a pu européaniser son humeur joviale et gaie, railleuse et susceptible, accueillante et hospitalière.

S'il est vrai que nous connaissons les choses que par des différences ; rien n'est curieux comme de constater à Bangkok, le contraste absolu entre les deux races qui y dominent : d'une part le métèque sous la forme du Chinois qui s'est abattu sur ce pays, comme il l'a fait sur tout l'Extrême-Orient, pour y monopoliser les branches les plus variées de l'activité commerciale. Pour y gagner quelques *atts* de plus ; il n'est peine qu'il ne donne, patience qu'il ne se déploie ; Chez lui, l'aptitude mercantile n'attend pas le nombre des années. J'ai vu, dans le quartier des *sampeng*, des bambins de huit ans tenant boutique et calculant sur l'antique boulier avec la gravité de vieux négociants. – Quel est cependant le travail de l'indigène ? – S'il n'est bureaucrate ; il cultive sa rizière, quand il en a une ; le reste du temps, il muse, il bavarde, il se livre à l'occupation nationale de chiquer le bétel. Dès qu'il a quelques *ticaux* en poche, rien ne peut le retenir d'aller les perdre à la salle de jeux ou à la loterie.

Mon savant ami, M. Huber, qui professe à l'école française d'Extrême-Orient, me contait l'an dernier avoir été reçu à bras ouverts dans les diverses pagodes du Siam où il recherchait les vieux documents de langue pâli ; il n'était d'attentions et de prévenances qu'on n'eut pour lui : les coffres contenant les manuscrits gravés à la pointe du stylet sur les feuilles de palmier lui étaient ouverts ; il n'avait qu'à y puiser ; ses bonzes se chargeaient même de les lui faire copier par ses scribes : seulement, tout l'or du monde n'aurait pu décider ceux-ci à reprendre une tâche quelconque ; et les interruptions étaient plus fréquentes que les périodes de travail.

Faut-il faire grief à ces braves gens de leur nonchalance ? – Et pourquoi ? – N'est-il pas naturel à tout être de mesurer son effort à ses besoins. Ceux du Siamois sont en petit nombre, et la satisfaction en est si facile ! De par le climat, le problème de l'habitation et celui du vêtement n'existent guère pour lui. Sa nourriture consiste en quelques poignées de riz, en poisson fumé, en fruits et en menues friandises fort peu coûteuses. Le souci du lendemain ne le hante pas. Voilà pourquoi il lui est permis de demeurer une cigale, au milieu des fourmis étrangères venues chez lui pour épargner des provisions qu'elles remporteront chez elles, où le climat plus rude fait la vie plus active et plus industrieuse.

Aussi bien, nulle autre part en Extrême-Orient l'on ne rencontre rien de comparable à la partie de Bangkok qui s'étend sur la rive droite de la Menam Chao Phya. Là s'élevait la vieille « Cité des Olives », avant la ruine d'Ayuthia par les Birmans et le transfert de la capitale. Quand on a traversé le fleuve sur un sampan – on se trouve au milieu d'une forêt tropicale parcourue, en guise de chemins, par un dédale de *klongs* – bras naturels du fleuve ou de canaux creusés de la main de l'homme – qui filent, sinuent, zigzagant au milieu des banyans à la chevelure de lianes, des massifs de bambous, des aréquiers rangés en batail et des bananiers, dont les palmes s'arrondissent en voûte. Le *klong* est la vraie route du peuple d'amphibies qu'est le peuple siamois : celui-ci y circule d'un bout à l'autre du pays ; il y prend ses ébats du matin et du soir ; il y vit dans les maisons flottantes amarrées le long de la rive. Des centaines de pirogues manœuvrées à la pagaie, y croisent leur glissement silencieux sans jamais se heurter. Les ponts qui l'enjambent sont de simples poutres jetées de travers, avec une perche horizontale en guise de main-courante. Les demeures terriennes qui le bordent sont des cabanes en bois de tecks, juchées sur pilotis, en raison de l'inondation périodique, et coiffées d'un toit en *attapp*, c'est-à-dire en chaume de feuilles de palmier. Parfois, l'on est étonné de se trouver en face d'un semis d'édicules en forme de cloche surmontée d'une tige aiguë : des *cheddis*, dérivés du *stupa* hindou durent autrefois recouvrir des tombes ou bien abriter des reliques : aujourd'hui, oublieux de leur destination première, ils s'essaient aux abords des *wats*, qui sont les temples du Siam. Bientôt, en effet, nous voyons dans une clairière un édifice dont la muraille pauvre et nue, dont la colonnade aux pilastres grossiers supporte un triple toit monumental, qui encadre sous le feuillage l'harmonie éteinte de ses huiles décolorées ; à chacun de ses angles se recourbe l'ornement en lame de poignard dans lequel il est permis de voir la tête du naga aussi bien que l'ongle du Bouddha.

Dans ce décor, d'un exotisme unique – il n'a son pareil ni aux Indes, ni à Java, ni même en Indo-Chine – l'on est déconcerté d'apercevoir soudain, au bout du sentier en bois qui borde le *klong*, l'intrusion de l'Europe, sous la forme d'une villa à l'italienne, avec sa véranda et son toit en terrasse. Pauvre Villa ! Qu'elle est dépaysée et nostalgique. Son badigeon vert-pomme ou rose tendre a presque disparu sous la lèpre jaunâtre qui a rongé ses soubassements et gangréné ses murailles. Fantaisie, coûteuse, d'un seigneur de la Cour d'un des précédents règnes, elle est habitée aujourd'hui par quelque *phya*, titulaire d'un grade dans l'armée ou fonctionnaire d'un des onze ministères. Pendant le jour, botté et éperonné, il se raidit dans son uniforme, ou bien, sous le dolman blanc, il signe avec conviction des paperasses administratives. Le soir venu, il repasse le Menam, quitte en poussant un soupir de soulagement le harnais que n'ont pas connus ses pères, revêt le *panoung* de soie qui bouffe autour de ses jambe ; puis, nu-pieds, torse nu, il s'accroupit sur la natte pour chiquer le bétel – à moins qu'il n'aille faire une pleine eau dans le *klong*.

Un jour que j'errais sur la rive droite avec mon ami Pradèré-Niquet, qui fut mon guide au Siam, je le vis saluant et abordant un homme qui se baignait de la sorte. C'était un officier de marine ; dans le plus simple appareil, il nous invita à le suivre chez lui ; là, un des premiers objets qui attirèrent notre regard, fut un volume de Labiche, ouvert à « L'Affaire de la rue de Lourcine ».

Le personnage qui habite de telles demeures y vit avec ses femmes, qui ne sont pas toutes sur le même rang : celle qui fut épousée suivant les rites a le pas sur les autres et peut leur commander. Avec quelle docilité ses volontés sont obéies, il est facile de de se le figurer. Au reste la polygamie tend à disparaître au Siam, tout au moins dans les classes élevées. L'héritier présomptif actuel, le Prince Chakrabhong a donné l'exemple en épousant une Européenne, une Russe, dont les qualités ont su vaincre bien des préventions et triompher des résistances obstinées.

Autour du maître, une nuée de serviteurs, d'officieux, d'esclaves pour dettes – le sort de ces derniers n'a rien d'effrayant – vaquent aux innombrables emplois de la maison et composent sa clientèle. Il règne sur ce monde en souverain absolu ; nul ne lui parle sans se prosterner, ou tout au moins, sans joindre les mains en les portant à la hauteur du front ; mais, à part cette étiquette, les rapports sont familiaux, exempts de toute brutalité, qui serait en désaccord avec le caractère de la race. Le sentiment et l'acceptation d'une hiérarchie indiscutée ne comportent ni morgue en haut, ni servitude en bas.

Dans l'intérieur du Siam, les choses sont demeurées à peu près ce qu'elles étaient il y a deux cents ans. Sans doute, des réformes politiques ont été accomplies ; des fonctionnaires administratifs surveillés par le pouvoir central ont remplacé, jusque dans les provinces du Nord, les principicules locaux ; un service de gendarmerie, parfaitement organisé et contrôlé par un corps d'officiers danois, garantit la sécurité des communications ; partout, des tribunaux réguliers fonctionnent d'une façon permanente. Le principal artisan de cette réorganisation est l'un des hommes les plus remarquables de l'heure actuelle, le prince Damrong, oncle du nouveau roi et ministre de l'intérieur. Mais pour importantes et capitales qu'elles soient, ces réformes n'ont rien changé à l'aspect du pays, à sa manière de vivre, à sa mentalité. Le Siam est resté siamois, et c'est mieux pour lui.

J'ai vécu parmi ce peuple aux mœurs douces et pacifiques. Je l'ai trouvé naturellement heureux et je souhaite qu'on ne veuille pas le rendre heureux par principe. Il n'a guère d'usines, c'est vrai, mais il aime chanter. Il ne fabrique ses roues de wagons lui-même, mais il connait encore le rire. C'est pourquoi le souverain qu'on couronne aujourd'hui sur les rives de la Maenam peut circuler à Bangkok dans sa calèche, comme circulait son père dans l'automobile qu'il conduisait lui-même, sans crainte ni la bombe humanitaire. J'imagine que certains monarques de pays moins lointains aimeraient s'endormir sur cette pensée.

Profil Biographique
Paul-Louis Gustave Marie Rivière
Chevalier de la Légion d'honneur

Naissance: 3 décembre 1873 (à Paris).

Décès: 28 juin 1959 à Rots (arrondissement de Caen) (Calvados).

Docteur en droit, avocat à la cour d'appel, Président de la cour d'appel de Caen. — Auteur d'ouvrages de droit, d'histoire, de voyages, de poésie. — Correspondant de l'Institut.

Société(s)

Académie des sciences d'Outre-Mer : membre (1948), 1948.

Académie des sciences morales et politiques : correspondant 1932-1959 (section législation, droit public et jurisprudence), 1932-1959.

Biographe

— 1908. Docteur en droit. — Avocat à la Cour d'appel de Paris. — 1909-1911. Membre de la Commission royale de législation siamoise et conseiller légiste du gouvernent siamois. — Avocat conseil du Ministère des Affaires étrangères. — 1923-1931. Conseiller à la Cour d'appel de Caen. — 1931-1949. Président de Chambre à la Cour d'appel de Caen. — Fondateur des Comités de la Croix-Rouge à Athènes, Salonique, Smyrne, Constantinople, Odessa, Moscou et Pétrograd — 1914. Missions de la Croix rouge française dans le Proche Orient et en Russie. — 1918. Missions de la Croix rouge française en Italie).

— Délégué départemental de la Croix-Rouge française.

— Membre de l'Académie des sciences coloniales.

— Membre du Comité juridique de la France d'Outre-mer.

— Chevalier de la Légion d'honneur ; Croix de guerre 1914-1918 ; Officier dans l'Ordre des Palmes académiques.

Bibliographie

– 1908. *De la propriété littéraire et artistique internationale* (thèse de doctorat).

– 1908, 1920. *Villes et solitudes, croquis d'Europe et d'Afrique.*

– 1909. *Une promenade au pays de la science* (Paris : Delagrave, Repub 1909, 1926, 1930. 240 p., fig. ; In-4°).

– 1913. *Poh Deng, Scènes de la vie siamoise,* Piazza éditeur, illustré par Joseph de la Nézière, *réédité en* 1919.

– 1921, 1929. *Ce que nul n'a le droit d'ignorer de la guerre 1914-1918.*

– 1927. *La route.*

– 1927, 1946. *Précis de législation marocaine, avec références aux législations étrangères et à la jurisprudence marocaine.*

– 1928. *Etudes marocaines.*

– 1929, 1932. *L'après-guerre. Dix ans d'histoire 1919-1929.*

– 1931. *Le droit marocain. Abrégé de la législation du protectorat...*

– 1932. *Colonies. Histoire des nouvelles Frances.*

– 1935. *A travers les législations nouvelles.*

– 1935. *Dix ans de vie normande.*

– 1936. *Siam...*

– 1936. *Un centre de guerre secrète. Madrid (1914-1918).*

– s. d. *La sagesse de l'Orient.*

– 1937. *Recueil général des Traités, codes et lois du Maroc* (édition critique).

– 1942. *Précis de législation marocaine.*

– 1943. *A travers l'Empire français.*

– 1947. *Poètes normands.*

– 1949. *Le droit social au Maroc. Textes, commentaires, jurisprudence.*

Sources biographiques :

— Comité des travaux historiques et scientifiques, Institut rattaché à l'École nationale des chartes (www.cths.fr). http://cths.fr/an/savant.php?id=104353#

— "Allocution prononcée par M. Marcel Dunan à l'occasion des décès de MM. Henri Pourrat et Paul-Louis Rivière, correspondants de l'Académie", Revue des Travaux de l'Académie des Sciences morales et politiques, 1959, p. 119-120.

— "Rivière (Paul, Louis)", in Dictionnaire biographique français contemporain, Paris, 1950, p. 434.

— Leonore : http://www.culture.gouv.fr/public/mistral/leonore_fr (2014-03-25).

— BN Cat. gén. : Rivière (Louis, P. Louis, président à la Cour d'appel de Caen). https://catalogue.bnf.fr/ark:/12148/cb12805784t

— Worldcat.org.

Rédacteur(s) de la notice : Martine François, Institut de France.
Fiche créée le 19/02/2011 – Dernière mise à jour le 12/12/2013.
© Copyright 2019 CTHS-La France savante. Publié avec permission.

Profil Biographique
Joseph de la Nézière
Officier de la Légion d'Honneur

Naissance: 5 août 1873 Bourges.

Décès: 15 avril 1944 (à 70 ans) Casablanca.

Il est le frère de Raymond de La Nézière, illustrateur, créateur de personnages célèbres comme Bécassine, auteur de quelque 650 titres liés à *La semaine de Suzette*, et père de Solange de la Nézière, elle-même illustratrice.

INTRODUCTION

Né à Bourges (cher) le 5 août 1873. Enfant apprend le piano, le violon. Fait des études de latin-grec, est très bon élève. Fait de l'équitation et à 20 ans fait partie de la Société de Géographie. Voyage continuellement et abandonne le Droit pour la peinture. Ramène de ses voyages des croquis, gouaches, aquarelles, peintures à l'huile, et des pastels des Caraïbes, à défaut de trouver d'autres produits pour exercer son art. Au Maroc sous l'impulsion de Lyautey, s'est beaucoup investi dans le renouveau de l'artisanat et de la protection des richesses artistiques du Maroc où les événements militaires l'ont fait reposer dans cette terre qu'il a tant aimée.

A exercé son talent artistique de peintre comme portraitiste, paysagiste, affichiste, journaliste voyageur dans les pays lointains, a peint des dioramas et fait des timbres postes en France, Moyen Orient et Afrique.

ENFANCE

1887 : Commence à dessiner (14 ans)

1888 : Voyage en Belgique et en Allemagne

ADOLESCENCE

1890 : Commence la peinture à l'huile

1891 : Voyage en Italie d'où le livre "Huit jours en Italie, pèlerinage de la jeunesse française à Rome" (Tégui édition)

1893 : Etudie à l'académie Henri de Gervex

1894 : Amis : G. Le Cordier, H. Avelot, Pinchon, P. Louis Rivière… Voyage en Croatie, Dalmatie, Montenegro, Bosnie, Herzégovine, Italie. D'où le livre avec H. Avelot "Monténégro Bosnie Herzégovine" (Laurens Edition).

1896 : Voyage en Grèce. Se rend aux Jeux olympiques où son jeune frère Georges participe en Athlétisme et son frère Raymond réalise des dessins des athlètes.

1897 : Expose dans différentes galeries, voyage en Tunisie, Belgique, Hollande.

L'AFRIQUE

1898 : Voyage au Sénégal, Soudan, y croise la Mission Marchand. Accompagne le général de Trentinian, gouverneur général du Soudan.

L'EXTRÊME ORIENT ET LES GRANDS VOYAGES

1901 : Voyage en Extrême Orient, offert par Paul Doumer. D'où "l'Extrême Orient en Image".

1903 : Voyage en Algérie, Italie

1904 : Voyage en Belgique

1906 : Participe à l'exposition coloniale de Marseille, voyage en Angleterre

1907 : Voyage en Inde par le canal de Suez

1908 : Voyage en Angleterre, Maroc

1909 : Voyage Tunisie, Italie

1910 : Voyage en Extrême Orient A pris part à l'organisation des expositions de Paris (1900) Marseille, Londres, Bordeaux, Gand, Bruxelles, Liège, Lyon, Casablanca

1912 : Dessine le timbre français de Pierre et Marie Curie

1913 : Voyage en Belgique, Maroc (1914-1921). Illustre "Poh-Deng – Scènes de vie Siamoise" de Paul Louis Rivière.

Le MAROC - Protection des Arts

1914 : Mobilisé à Rabat avec Lyautey

1915 : Nommé à la direction du service des antiquités au Maroc.

1916 : Nommé à la direction de l'office des industries d'art indigène que le général Lyautey vient de créer au Maroc.

1917 : Illustre le livre de Jean Ajalbert : "le Maroc sans les Boches" - Voyage de guerre 1916, édition Bossard.

Exposition au Pavillon de Marsan

1918 : Création du service des Arts Indigènes. Joseph de La Nézière en est le directeur et le promoteur.

Séjour en France.

1919 : Exposition au Pavillon de Marsan (mai-août) "Tapis marocains"

1920 : Projet de réorganisation des corporations au Maroc, nommé Conseiller Artistique du Protectorat du Maroc.

RETOUR en France - MONTMARTRE

1921 : Retour définitif en France. Habite à Montmartre, au 4 rue de l'Abreuvoir. Achète et commence à transformer l'immeuble du 6 rue de l'Abreuvoir. Voyage en Allemagne.

1922 : Timbres de Syrie et Grand Liban. Participe à l'Exposition Coloniale (diorama de 34 m x 6 m : vue générale de Fez (Maroc))

1923 : Participe à la protection de Montmartre (Paris). Livre sur la décoration marocaine (Calavas éditeur)

Chevalier de la Légion d'honneur.

1924 : Voyage en Algérie. Livre : "Les moments mauresques du Maroc" (A. Lévy éditeur)

1927 : Affiche pour la Marine nationale. Voyages au Maroc et va en Palestine.

1928 : Voyage en Egypte. Premier prix pour le concours de l'affiche de l'exposition coloniale de 1931.

1929 : Voyage en Syrie

1931 : Carton de la Tapisserie "Féerie coloniale" (Musée de Bourges). Participe à l'exposition coloniale de Paris (Porte Dorée). Diorama de Tunis.

1935 : Voyage au Maroc.

Orne 4 panneaux, plafond d'une petite salle à manger du paquebot NORMANDIE.

Participe à Rabat aux cérémonies de Translation des cendres du Maréchal Lyautey

1936 : Demande la démilitarisation de la caserne CONDE à Bourges (Cher)

1937 : Prépare l'exposition. A peint plus de 400 mètres carrés et fait 17 dioramas pour le pavillon du Dauphiné.

L'AMERIQUE

1938 : Voyage aux U.S.A. (octobre 38 à mai 39). Décore le pavillon de la France d'Outre-Mer de l'Exposition de New York.

1939 : Voyage en Martinique (juin 39 à mai 44).

Professeur de dessin au Lycée technique de Fort de France. Conseiller du gouvernement chargé d'établir le plan de restructuration de la ville de Saint Pierre (Martinique).

ULTIME VOYAGE

1943 : Retour au Maroc fin 1943 sur le "Sagittaire".

– 15 avril décède à Casablanca à 71 ans , sans avoir pu rejoindre la France à cause de la guerre.

Par erreur parfois prénommé Jean ou autres " H " au lieu " J ", dans Poh Deng et parfois confondu avec son frère aîné Raymond, lui-même prénommé à tort parfois Raoul, Roger ou autres.

Seuls Raymond et Joseph de la Nézière étaient artistes de ce nom.

Il signait J de La Nézière. A au moins une fois signé une affiche J. DAVIEL.

Il est enterré au cimetière de Passy (3e division).

© 2019 — Famille la Nézière. Publié avec permission.
Un merci spécial à la Famille la Nézière pour le partage de ces données.
Pour plus d'informations, visitez http://delaneziere.free.fr/

SOMMAIRE des ILLUSTRATIONS

Mè Ping .... (ii)
Kinaree paire .... (iv)
Paul Louis Rivière .... (v)
Carte du Siam – 1914 .... (vi)
Henri Copin .... (viii)
Tewada avec des fleurs .... (xiii)
Kinareee 2
Accroupi tout le jour devant ses vitrines... 7
Puis il vogua vers les mers de Chine à bord d'une jonque . 9
...une forêt dont les voies de communication sont les *klong* .. 11
C'était une cabane sur pilotis,
coiffée d'un toit de chaume... 13
Mè Choup était fière de son fils 15
Et l'enfant s'endormait, bercé par quelque chanson 17
...au théâtre chinois, dont les acteurs
ont des masques terribles 21
...au marché flottant du *klong* Môn... 25
...le mat Pichayat, dont les trois pavillons sont roses 27
...c'est un fourmillement de barques qui s'enchevêtrent... 28
...alors toute la bande se jeta dans le fleuve.......... 34
Les éléphants domestiques 35
...on eût dit des cloches de pierre monumentales 41
...les traits du géant s'épanouissaient dans un sourire 43

...le peuple de statues et d'animaux fantastiques 47

...en sampan, dressé sur la plate-forme de l'arrière. 51

...la fête du Rek Na 55

Le Rôle de Mè Ping était de présenter
les ustensiles rituels. 57

Elle incarnait le Garouda aux prises avec le Génie 61

...un rideau mouvant qui ondule au gré des bourrasques . . 63

La barque royale 71

...une silhouette se dresse au-dessus des autres choses . . . 73

...puis ayant tâté le malade, le médecin. 77

...le coulie chinois 79

La salle de jeu. 83

Ce sont les bonzes du *wat* voisin. 85

...une boutique, devant laquelle
des lanternes en papier huilé. 89

Sous la lueur des lanternes, ils installent leurs fourneaux . 91

La beauté de la petite ballerine 95

...ce palais où toute chose est inviolable et sacrée 97

...un vaste marécage, duquel émergeaient
des têtes de buffles 105

Au milieu des champs s'élancent de grands palmiers . . . 107

Une colline proche dessinait en plein ciel. 109

...les grottes sacrées. 111

...blotti clans une immense niche naturelle,
un Bouddha colossal. 113

...Naï Tom se mit en route, escorté de deux amis 119

Les deux promeneurs nocturnes	123
Le vieux bonze	125
Ils se tiennent au bord de la plate-forme	127
Le wat Pô est la plus vaste des pagodes royales	133
Les gardiens du lieu sont deux colosses de pierre	135
Les phases de la cérémonie, conformes au rite	137
Poh Dèng s'est prosterné devant le Chaowat	139
Il habite dans la bonzerie, proche du temple	141
La psalmodie monte gravement avec la filmée de l'encens	143
...le pavillon dont il ne peut s'empêcher d'admirer l'harmonie et l'éclat	147
Le cortège se met en marche, encadré par les licteurs rouges	151
La scène mimée par deux personnages	153
Les attitudes des deux danseuses, dont l'une est travestie	155
Et Mè Ping, immobile et le cœur gonflé de soupirs...	161

IL A ÉTÉ TIRÉ
DE CET OUVRAGE

12 exemplaires (1 à 12) sur Japon, contenant une aquarelle originale de l'artiste, un état en couleurs sur Japon mince et un état en noir.

50 exemplaires (13 à 62) sur Japon, avec un état en noir.

288 exemplaires (63 à 350) sur papier vélin à la cuve, des manufactures Blanchet et Kléber.

ACHEVÉ D'IMPRIMER

LE 14 SEPTEMBRE 1913

PAR G. KADAR

PARIS

Livres de George Groslier - *Le Khmérophile*
(En anglais avec le texte original en français)

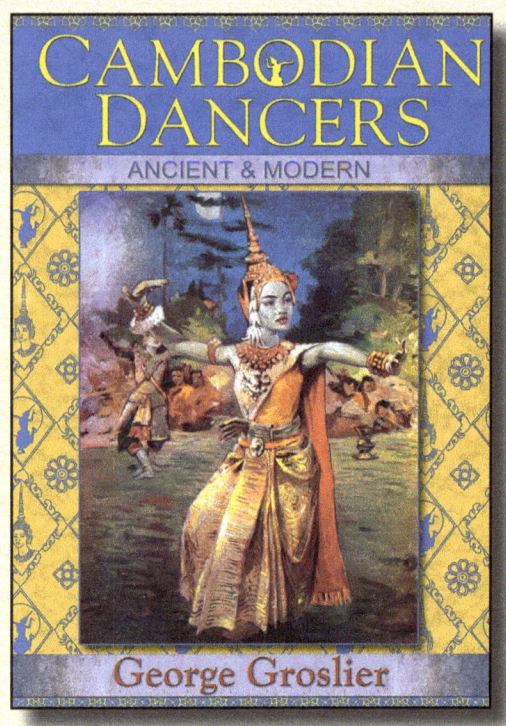

Première histoire de la danse cambodgienne.
Avant-propos par Paul Cravath.
ISBN: 978-1-934431-11-5

Une journée sur le Mékong.
Avant-propos par Henri Copin.
ISBN: 978-1-934431-87-0

Aventure au Cambodge colonial.
Avant-propos par Henri Copin.
ISBN   978-1-934431-16-0

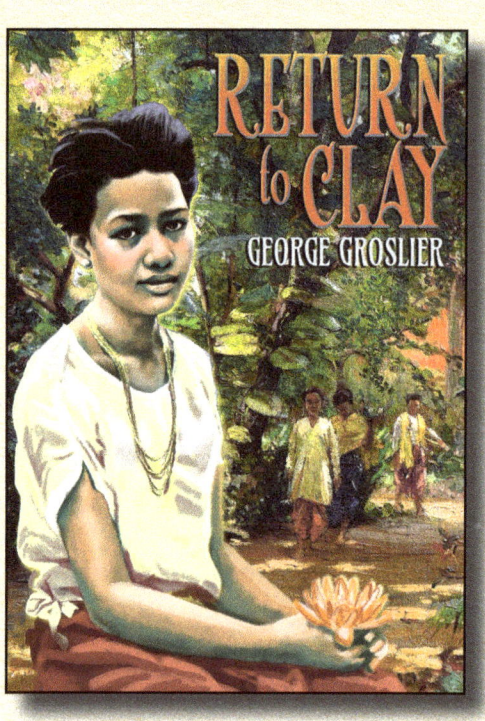

Passion et décivilisation au cambodge.
Avant-propos par Henri Copin.
ISBN: 978-1-934431-94-8

Histoire du Cambodge (en anglais)

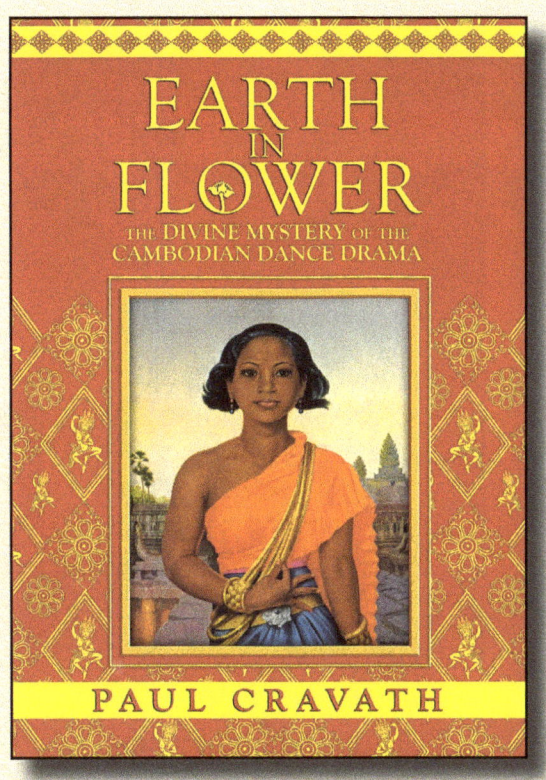

Paul Cravath
Le mystère divin de la danse cambodgienne.
ISBN: 978-1-934431-29-0

Zhou Daguan
Traduction par Solang & Beling Uk
L'empire khmer au 13ème siècle.
ISBN : 978-1-934431-18-4

Kenneth T. So
Une histoire complète du Cambodge.
Vol. I – ISBN 978-1-934431-36-8
Vol. II – ISBN 978-1-934431-37-5

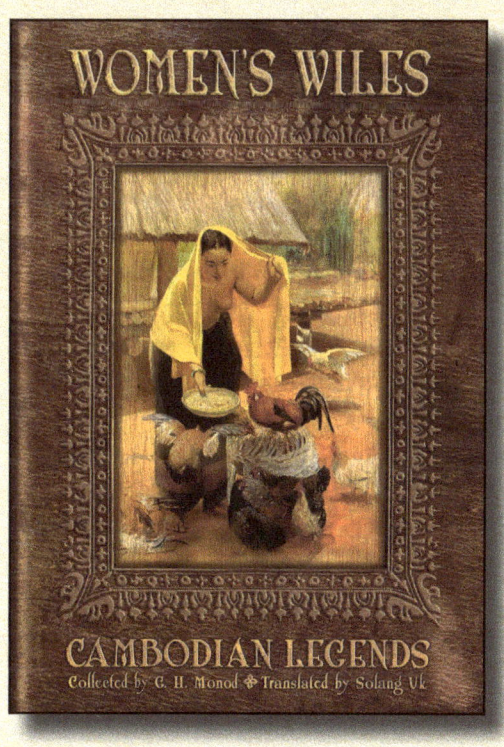

G. H. Monod
Contes Fantastiques.
ISBN: 978-1-934431-21-4

Visions exotiques de l'Indochine française

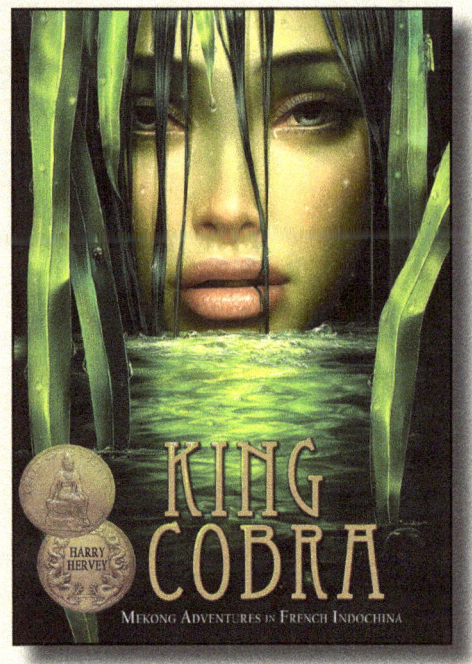

Harry Hervey
Aventures en Indochine Française.
Avant-propos par Pico Iyer.
(En anglais)
ISBN - 978-1-934431-82-5

Harry Hervey
Maîtresse d'Indochine.
Avant-propos par Pico Iyer.
(En anglais)
ISBN - 978-1-934431-88-7

George Groslier
Temples inconnus de l'empire khmer.
Avant-propos par Milton Osborne.
(En anglais)
ISBN 978-1-934431-90-0

Nguyễn Phan Long
Journal d'une jeune fille
Cochinchinoise moderne.
Avant-propos par Karl Britto.
(En français)
ISBN : 978-1-934431-04-7

Histoire du Cambodge (en anglais)

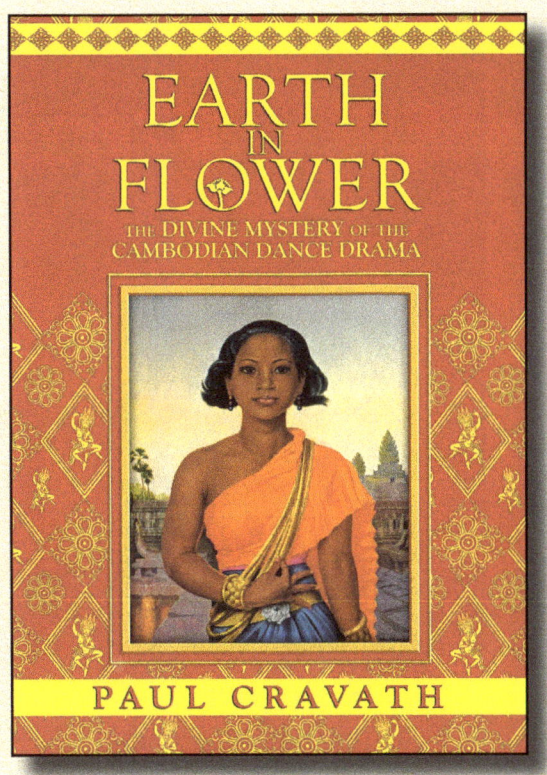

Paul Cravath
Le mystère divin de la danse cambodgienne.
ISBN: 978-1-934431-29-0

Zhou Daguan
Traduction par Solang & Beling Uk
L'empire khmer au 13ème siècle.
ISBN : 978-1-934431-18-4

Kenneth T. So
Une histoire complète du Cambodge.
Vol. I – ISBN 978-1-934431-36-8
Vol. II – ISBN 978-1-934431-37-5

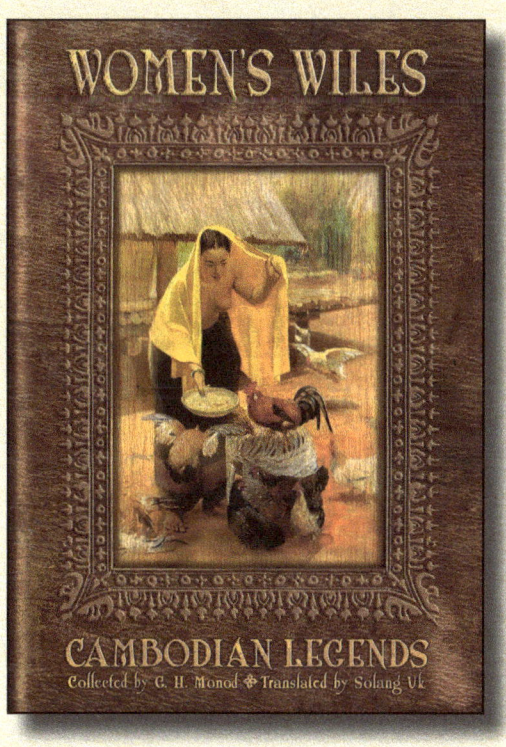

G. H. Monod
Contes Fantastiques.
ISBN: 978-1-934431-21-4

Visions exotiques de l'Indochine française

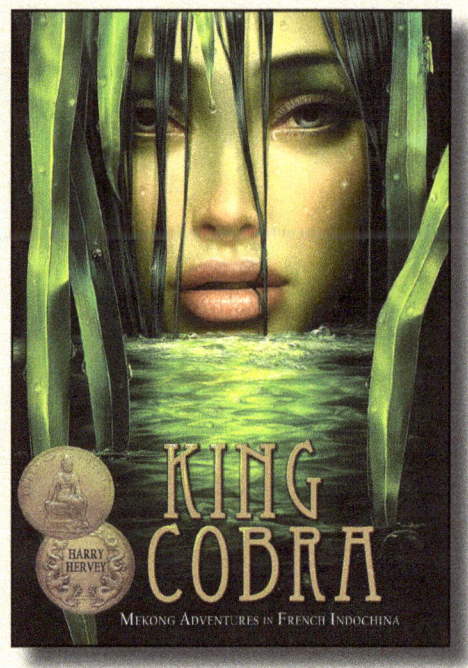

Harry Hervey
Aventures en Indochine Française.
Avant-propos par Pico Iyer.
(En anglais)
ISBN - 978-1-934431-82-5

Harry Hervey
Maîtresse d'Indochine.
Avant-propos par Pico Iyer.
(En anglais)
ISBN - 978-1-934431-88-7

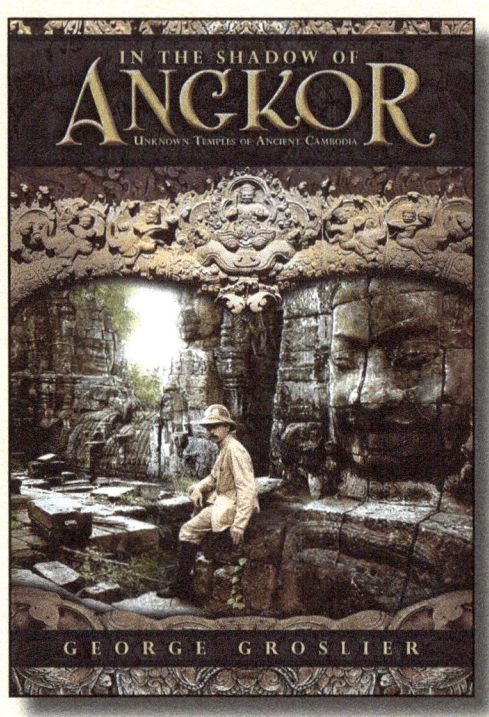

George Groslier
Temples inconnus de l'empire khmer.
Avant-propos par Milton Osborne.
(En anglais)
ISBN 978-1-934431-90-0

Nguyễn Phan Long
Journal d'une jeune fille
Cochinchinoise moderne.
Avant-propos par Karl Britto.
(En français)
ISBN : 978-1-934431-04-7

Livres de langue française en préparation

Pierre Dassier
Mœurs européennes d'Hanoï.
Avant-propos par François Doré.
ISBN: 978-1-934431-05-4

Jean d'Estray
Aventures Amoureuses en Asie Ancienne.
ISBN: 978-1-934431-06-1

Jean Cotard
Un Amour Impossible en Annam.
ISBN: 978-1-934431-09-2

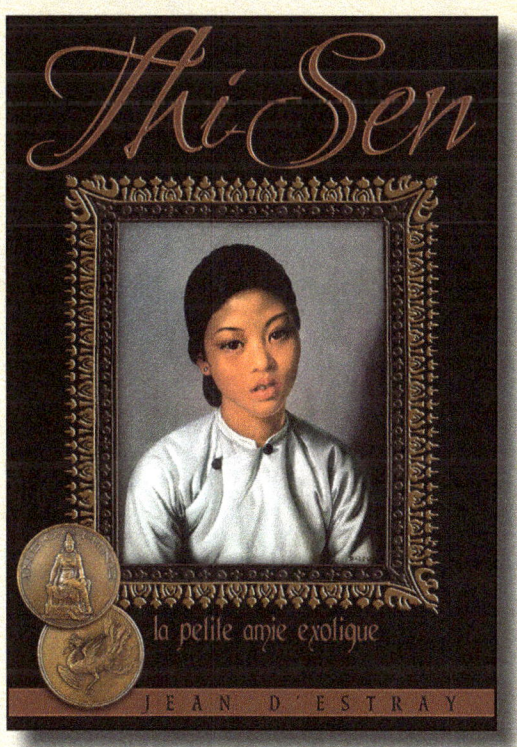

Jean d'Estray
Passion Meurtrière en Annam.
ISBN: 978-1-934431-08-5

Impressions artistiques d'Indochine française

Sonnets de Pierre Rey, ornés de 33 Aquarelles par André Joyeux

En 1923, l'artiste français André Joyeux publie un hommage à l'Indochine, en édition limitée, à la mémoire de son ami Pierre Rey, tué au combat lors de la Première Guerre mondiale. Son concept s'articule autour de sonnets de Rey (nom de plume du capitaine Paul Philibert Régnier) que Joyeux a rendus vivants avec des aquarelles originales. L'ancien gouverneur général de l'Indochine française, Albert Sarraut, a présenté l'avant-propos de cette vision artistique exceptionnelle de la terre, des coutumes et des peuples de l'Asie du Sud-Est.

Pour cette édition moderne, la graphiste Rebecca Klein a retouché à la main chacune des aquarelles originales d'André Joyeux, en adaptant leurs éléments à ce format plus grand. Pour présenter cet ouvrage important de la littérature coloniale française à de nouveaux publics, l'avant-propos de M. Albert Sarraut est fournie en anglais, avec une préface du chercheur Joel Montague.

ISBN : 978-1-934431-91-7

DatASIA Press — www.DatASIA.us

www.ingramcontent.com/pod-product-compliance
Lightning Source LLC
Chambersburg PA
CBHW051352110526
44591CB00025B/2981